"一带一路"营商环境法治保障系列

赵旭东 总主编

李建伟 朱晓娟 吴高臣 副总主编

中国知识产权法律制度

黎长志 主编 张 晶 副主编

中国民主法制出版社

图书在版编目（CIP）数据

中国知识产权法律制度／黎长志主编．—北京：中国民主法制出版社，2019.11

（“一带一路”营商环境法治保障系列）

ISBN 978-7-5162-2092-4

Ⅰ.①中…　Ⅱ.①黎…　Ⅲ.①知识产权法—研究—中国　Ⅳ.①D923.404

中国版本图书馆 CIP 数据核字（2019）第 220290 号

图书出品人：刘海涛
出 版 统 筹：乔先彪
责 任 编 辑：陈　曦　贾萌萌

书名／中国知识产权法律制度
ZHONGGUOZHISHICHANQUANFALÜZHIDU
作者／黎长志　主　编
张　晶　副主编

出版·发行／中国民主法制出版社
地址／北京市丰台区右安门外玉林里 7 号（100069）
电话／（010）63055259（总编室）　63057714（发行部）
传真／（010）63056975　63056983
http：// www. npcpub. com
E-mail：mzfz@ npcpub. com
经销／新华书店
开本／16 开　787 毫米×960 毫米
印张／13.5　**字数／**190 千字
版本／2020 年 1 月第 1 版　2020 年 1 月第 1 次印刷
印刷／北京新华印刷有限公司

书号／ISBN 978-7-5162-2092-4
定价／42.00 元

《“一带一路”营商环境法治保障系列》编委会

◉ 总序

习近平总书记在2013年提出建设“丝绸之路经济带”和“21世纪海上丝绸之路”的构想，五年多来，在各参与方的共同努力下，“一带一路”倡议从理念转化为行动，从愿景转变为现实，构建起了各自优势互补、彼此互联互通的国际合作平台。

党的十九大报告指出，要以“一带一路”建设为重点，坚持“引进来”和“走出去”并重，加强创新能力开放合作，形成陆海内外联动、东西双向互济的开放格局。同时，党的十九大通过修改的党章明确指出：遵循共商共建共享原则，推进“一带一路”建设。推进“一带一路”建设写入党章，必将为新时代共建“一带一路”，共建人类命运共同体进一步指明方向，注入强劲动力。

随着我国“一带一路”建设的深入推进，营造互信互通的法治营商环境，为投资贸易合作方提供全面周到的法律支持，切实维护中外当事人的合法权益便提上了日程。因此，为了增进“一带一路”建设沿线各国的彼此沟通，积极建立成员方统一认知和公正高效的司法保障体系，切实保障“一带一路”建设成果的不断扩大，我们推出了《“一带一路”营商环境法治保障系列》图书。

本系列图书构建了“一带一路”法治保障服务体系，主要介绍了投资贸易、产业合作、公正司法、纠纷解决、劳工保护等领域的法律制度，从而以保护中外当事人合法权益，维护公平竞争、诚实守信、和谐共赢的区域合作大环境。本系列图书体例科学，通俗易懂，旨在加强中国与“一带一路”沿线国家的“政策沟通”和“法治互信”，通过向国际社会展示我国法律制度的建设成就，以此提升我国法律的国际影响力。

《“一带一路”营商环境法治保障系列》图书作为“一带一路”建设的法治保障参考适用读物，旨在为沿线各国加强法律制度的交流互鉴，旨在全面落实我国“一带一路”建设的任务要求，全面构建“一带一路”建设中的法治保障体系，以便全球共享“一带一路”的建设成果。

赵旭东*

2019年8月

* 赵旭东，中国法学会商法学研究会会长，中国政法大学教授。

目录

第一章

知识产权概论

第一节　知识产权概念与范围

【规则要点】

知识产权是对人类智力成果的保护，智力成果在满足一定的条件下便会得到法律的保护。传统的知识产权大致可以分为著作权、专利权、商标权。随着科技的不断发展和社会的进步，多种新型知识产权应运而生，如集成电路布图设计权、植物新品种权、地理标志权等。中国越来越重视对于知识产权的保护。

【理解与适用】

一、知识产权的概念

知识产权，是指公民、法人或者其他组织对其在科学、技术、文化等领域创造的精神财富或智力成果等客体享有的权利。对于知识产权的概念，需要注意以下几个方面：首先，知识产权的客体是智力成果等无形的财产，而非有形的物质；其次，并非任何“知识”都能产生知识产权这种财产权，只有符合知识产权法律规定的特定形态和特征的“知识”才可能成为知识产权的客体；最后，对知识产权要作广义的理解，不仅包括智力成果，还包括其他与智力成果无直接关系的客体，如经营者可以将自然界存在的奇花异石的图案注册为商标。

二、知识产权的范围

根据权利应用领域的不同，传统的知识产权大致可以分为著作权、专利权、商标权，其中专利权和商标权合称为工业产权。著作权主要适用于文学艺术作品，该类作品主要能够给人们带来美感和精神享受；作为工业产权的专利权和商标权则主要用于工业领域，此处的工业不仅指传统意义上的工业，也包括农业、服务业等。

随着科技的不断发展和社会的进步，知识产权的范围不断扩大，不仅传统意义的知识产权范围在扩张，与此同时，多种新型知识产权应运而生，如集成电路布图设计权、植物新品种权、地理标志权、商业秘密权等。

【法条指引】

中华人民共和国著作权法（节录）

第一条 为保护文学、艺术和科学作品作者的著作权，以及与著作权有关的权益，鼓励有益于社会主义精神文明、物质文明建设的作品的创作和传播，促进社会主义文化和科学事业的发展与繁荣，根据宪法制定本法。

中华人民共和国商标法（节录）

第一条 为了加强商标管理，保护商标专用权，促使生产、经营者保证商品和服务质量，维护商标信誉，以保障消费者和生产、经营者的利益，促进社会主义市场经济的发展，特制定本法。

中华人民共和国专利法（节录）

第一条 为了保护专利权人的合法权益，鼓励发明创造，推动发明创造的应用，提高创新能力，促进科学技术进步和经济社会发展，制定本法。

第二节 知识产权的性质与特征

【规则要点】

与其他民事权利相比，知识产权具有无形性、专有性、地域性、时间性等特点。

【理解与适用】

一、知识产权的性质

知识产权的性质是知识产权的基本属性，是其与其他事物相区别的根本属性。

（一）知识产权是一种特殊的民事权利

知识产权的特殊性主要表现在其权利客体的特殊性上。知识产权以智力成果为调整对象，这使得该权利区别于其他有形权利客体。

（二）知识产权是私权

知识产权主要调整平等主体之间的非物质性成果形成的财产关系，如公民之间、法人或其他组织之间、公民与法人或其他组织之间，并且该种权利是建立在私法自治的原则之上的。但私权的性质并不意味着其不受国家公权力的干预与调整，权利的行使要在法律规定的范围内进行，如《中华人民共和国专利法》规定了权利人的强制许可，专利权人虽然享有专利权，但其不能滥用该权利，所以国家知识产权局在法定条件下根据特定人的申请，可以许可该特定人行使该权利。

二、知识产权的特征

知识产权的特征是指知识产权具有的区别于其他权利所独有的特点。

（一）无形性

知识产权的客体是智力成果，是无形的精神财富。智力成果不具有物质形态，不占据一定的空间，是看不见、摸不着的。

（二）专有性

专有性又称排他性，是指非经知识产权人的许可或法律的特别规定，他人不得实施侵犯权利人享有的专有权利的行为，即对于知识产权的客体，只有经过权利人的授权或者法律的特别规定，他人才能以特定的方式进行利用，否则即构成侵权。专有性即独占性、排他性，知识产权的专有性表现在：同一智力成果上不能有两项以上完全相同的知识产权并存；权利主体依法享有独占使用智力成果的权利，没有法律规定或者权利人的许可，任何人不得擅自使用他人的智力成果。

（三）地域性

知识产权虽然是一种专有权，但其空间效力并非无限的，而是受到一定的地域限制。知识产权的地域性是指在一个国家或地区内依法享有的知识产权，在另一个国家或地区是否受到法律的保护取决于该项权利在该国或地区是否也是法律所确认保护的知识产权。究其原因，知识产权是法定权利，同时也是一国公共政策的产物，其权利的内容和范围完全取决于各国国内的知识产权立法。而法律是一国历史发展的产物，在形成过程中受到诸多因素的影响，如政治、经济、文化等，故各国法律对于知识产权的保护不尽相同，在一国获得的知识产权不能自动在他国受到保护。

（四）时间性

知识产权效力不仅受空间上的限制，同时也受时间上的限制。知识产权的时间性是指知识产权在法律规定的期限内受到相应的保护，超过该期限就不再受法律的保护。例如，专利法规定对发明专利的保护期为 20 年，超过该期限，该专利技术就进入了公共领域，为任何人自由地享有使用。

第二章

著作权

著作权，是指权利主体依法对作品及其相关客体享有的专有权利。著作权有广义和狭义之分。狭义的著作权仅指权利主体对于作品所享有的一系列专有权利。广义的著作权还包括邻接权，即权利主体对于作品之外的客体享有的一系列专有权利。根据《中华人民共和国著作权法》的规定，邻接权包括表演者对其表演、录音录像制品制作者对其制作的录音录像制品、广播组织对其播出的节目信号和出版者对其设计的版式享有的专有权利。

著作权与其他知识产权相比有其独有的特点，主要表现为：（1）复合性。著作权不仅包括财产权利，还包括人身权利，如发表权、署名权等，其他知识产权为单纯的财产权利。（2）自动取得性。只要经过创作形成了作品，著作权就自动产生并受到法律的保护。我国对于著作实行自愿登记制度，国家版权局颁布的《作品自愿登记试行办法》第2条明确规定："作品实行自愿登记。作品不论是否登记，作者或其他著作权人依法取得的著作权不受影响。"同时，法律规定发表也非著作权取得的条件，著作权法第2条第1款规定，"中国公民、法人或者其他组织的作品，不论是否发表，依照本法享有著作权"。专利权和商标权则需要经过权利主体的申请与相关部门的审核才能获得，此为著作权与其他知识产权的一个重要区别。

第一节　著作权的主体

【规则要点】

著作权的主体是对著作权客体享有著作权的人，不仅中国的自然人、法人、国家可以成为著作权主体，甚至外国人在中国也可以成为著作权主体。综合法律和相关的司法解释，在中国，著作权主体可以区分为原始主体和继受主体。针对不同的客体类型，分为职务作品、合作作品等。

【理解与适用】

著作权的主体即著作权人，是指对于作品享有著作权的人。自然人、法人、国家都可以成为著作权人。外国人在符合法定条件下也可以成为中国的著作权主体。

一、著作权的原始主体——作者

（一）自然人作者

著作权法第 11 条第 2 款规定，“创作作品的公民是作者”。除了法律特别规定或合同特别约定的情形，创作作品的自然人就是作品的著作权人。《中华人民共和国著作权法实施条例》第 3 条第 1 款规定，“著作权法所称创作，是指直接产生文学、艺术和科学作品的智力活动”。据此可知，只有实际进行了创作的自然人才是作者，而为创作提供物质条件或者承担资料搜集等辅助性工作的人都不是著作权法意义上的作者。同时，对于作者的认定方法，著作权法第 11 条第 4 款规定，“如无相反证明，在作品上署名的公民、法人或者其他组织为作者”。

对于自然人主体，我们还应注意，根据民法总则的规定，创作作品行为为事实行为，无论作者是否具有民事权利能力和民事行为能力，只要创作出作品即构成自然人作者。还要注意，对于同一题材，不同的作者基于不同的角度可能创作出不同的作品，因该作品都是基于个人的思想创作而来，故中国法律规定：由不同作者就同一题材创作的作品，作品的表达系独立完成并且有创作性的，应当认定作者各自享有独立著作权。

（二）视为作者的法人和其他组织

除了自然人作者外，著作权法还承认了法人或者其他组织可以成为“作者”。著作权法第 11 条第 3 款规定，“由法人或者其他组织主持，代表法人或者其他组织意志创作，并由法人或者其他组织承担责任的作品，法人或者其他组织视为作者”，此种作品为“法人作品”。法人作者享有作品的一切著作权。

法人作品的构成要件有三个：(1) 由法人或其他组织主持。所谓“主持”，通常是指组织、领导、协调和提供工作条件等。(2) 代表法人或其他组织的意志。这里“意志”一词应当理解为体现独创性的创作作品意志。(3) 责任由法人或其他组织承担。该构成要件也是区别于特殊职务作品的关键点。

二、著作权的继受主体——其他著作权人

著作权作为知识产权中的一种，其财产权的性质决定了其可以像其他普通财产一样通过转让、继承或遗赠而被他人取得。但是需要注意的是，著作权的继受主体享有的权利范围是有限的，著作权中的人身权是不能转让的，受让人和受遗赠人享有的仅限于著作权中的财产权。

(一) 因继承、遗赠等取得著作权

作为著作权人的自然人去世后，其继承人、第三人可以根据遗赠扶养协议、遗嘱继承、法定继承合法继受其享有的著作权，成为著作权的主体。《中华人民共和国继承法》第 3 条规定遗产的范围是“公民的著作权、专利权中的财产权利”。同时，著作权法第 19 条第 1 款规定：“著作权属于公民的，公民死亡后，其本法第十条第一款第（五）项至第（十七）项规定的权利在本法规定的保护期内，依照继承法的规定转移。”对于已故作者的人身权，继承人只能加以保护，而不能继承。但是，对于作者生前未发表的作品，如果作者未明确表示发表与否，作者死亡后的 50 年内，其发表权可以由继承人或受遗赠人行使，没有继承人又无受遗赠人的，由作品原件的合法所有人行使。因此，公民的合法继承人可以成为著作权主体。

遗赠，是指公民将其个人财产赠与国家、集体或者法定继承人以外的人的方式。著作权也是公民个人合法财产中的一部分。

因遗赠扶养协议而取得死者的财产继承权时，其也成为著作权人。

对于法人或其他组织变更、终止后其著作权的归属，著作权法第 19 条第 2 款规定，“著作权属于法人或者其他组织的，法人或者其他组织变更、终止后，其本法第十条第一款第（五）项至第（十七）项规定的权利在本法规定的保护期内，由承受其权利义务的法人或者其他组织享有；没有承受其权利义务的法人或者其他组织的，由国家享有”。其中，第 10 条第 1 款第 5 项至第 17 项是指著作权中的财产权。

若无上述著作权的继受主体，即自然人死亡后无继承人或受遗赠人，或法人、其他组织变更、终止后无继受人，则收归国家所有，如继承法规定的“无人继承又无人受遗赠的遗产，归国家所有；死者生前是集体所有制组织成员的，归所在集体所有制组织所有”。

（二）因合同取得著作权

著作权人可以将其著作权中的财产权全部或部分转让给他人，该他人也因此而成为著作权主体。著作权转让的标的是著作财产权的所有权，而非使用权，后者为著作权使用许可。受让人成为所有权人，故可以在财产权的范围内以自己的名义行使该权利。

三、特殊作品的著作权人

（一）职务作品

著作权法第 16 条规定，公民为完成法人或者其他组织工作任务所创作的作品是职务作品。因此，职务作品的构成需要满足两个条件：第一，公民为法人或其他组织的工作人员；第二，作品的创作目的是为完成工作任务。根据著作权法实施条例第 11 条的规定，“工作任务”是指公民在该法人或者该组织中应当履行的职责。

职务作品的著作权归属分为两类：

1. 一般职务作品著作权由作者享有，但法人或者其他组织有权在其业务范围内优先使用。作品完成两年内，未经单位同意，作者不得许可第三人以与单位使用的相同方式使用该作品。

2. 法律规定某些特殊职务作品，作者只享有署名权，著作权的其他权利由法人或者其他组织享有，作者可以获得相应的奖励。

这类作品主要包括：

1. 主要是利用法人或者其他组织的物质技术条件创作，并由法人或者其他组织承担责任的工程设计图、产品设计图、地图、计算机软件等职务作品。

2. 法律、行政法规规定或者合同约定著作权由法人或者其他组织享有的职务作品。

（二）合作作品

合作作品，是指两人以上合作创作作品。这里的两人是自然人、法人或其他组织的任意两两组合。在认定是否为合作作品时，要从以下几个方面进行考虑：第一，合作者之间有共同创作的合意，即两个以上的主体通过协商达成了共同创作一部作品的协议，该协议可以是口头的也可以是书面的；第二，合作者对于创作的完成必须作出实质性贡献，即直接参与创作或对作品作出实质性修改或提出实质性建议等，对于仅为创作提出参考意见、提供辅助材料的人，其非著作权意义上的作者。合作作品著作权由合作作者共同享有。

合作作者对于著作权的行使也要符合法律的规定，著作权法第 13 条第 2 款规定，合作作品可以分割使用的，作者对各自创作的部分可以单独享有著作权，但行使著作权时不得侵犯合作作品整体的著作权。在不侵犯合作作品整体的著作权的前提下，对于可以分割的作品，作者可以单独行使其对于自己创作部分的著作权；对于不能分割的作品，著作权法实施条例第 9 条规定，合作作品不可以分割使用的，其著作权由各合作作者共同享有，通过协商一致行使；不能协商一致，又无正当理由的，任何一方不得阻止他方行使除转让以外的其他权利，但是所得收益应当合理分配给所有合作作者。同时，著作权法实施条例还规定，合作作者之一死亡后，其对合作作品享有的著作财产权无人继承又无人受遗赠的，由其他合作作者享有，但是著作人身权只能进行保护，不能继承或者遗赠，“作者死亡后，其著作权中的署名权、修改权和保护作品完整权由作者的继承人或者受遗赠人保护。著作权无人继承又无人受遗赠的，其署名权、修改权和保护作品完整权由著作权行政管理部门保护”。

（三）委托作品

委托作品，是指受托人根据委托人的委托而创作的作品。著作权法第 17 条规定，受委托创作的作品，著作权的归属由委托人和受托人通过合同约定。合同未作明确约定或者没有订立合同的，著作权属于受托人。受托人与委托人之间的合同既可以为书面合同也可以是口头形式。在著作权归属于受托人的情况下，委托人则享有下列权利：委托人在约定的使用范围内享有使用作品的权利；双方没有约定使用作品范围的，委托人可以在委托创作的特定目的范围内免费使用该作品。

注意委托作品和其他几种作品的区分：

1. 委托作品与职务作品

委托作品的委托方与受托方之间不存在劳动关系；职务作品的作者与

所在单位之间是劳动关系。

2. 委托作品与合作作品

前者的创作主体为一方，后者的创作主体是双方。

（四）演绎作品

演绎作品，是指因改编、翻译、注释、整理已有作品而产生的作品。著作权法第 12 条规定，改编、翻译、注释、整理已有作品而产生的作品，其著作权由改编、翻译、注释、整理人享有，但行使著作权时不得侵犯原作品的著作权，即经过演绎的作品成为一个新的作品，演绎者享有独立的著作权，故在使用演绎作品时要经过原著作权人和演绎作品作者的双重同意。

（五）汇编作品

汇编作品，是指汇编若干作品、作品的片段或者不构成作品的数据或者其他材料，对其内容的选择或者编排体现独创性的作品。即汇编作品可以分为两类：第一，对于具有独立著作权的作品或作品片段进行汇编；第二，对于尚未构成作品的内容进行汇编，如事实、数据等。需要注意的是，汇编作者对于汇编作品中的每一构成部分不享有著作权，只对该汇编作品的整体享有著作权；与此相反，每一部分的作者对于该部分享有著作权，对于该汇编作品整体并不享有著作权，除非其亦参与了汇编工作。同时，汇编作品的作者在行使其汇编权时，不得侵犯原作者的著作权。

（六）电影作品和以类似摄制电影的方法创作的作品

电影作品，是指将一系列有伴音和无伴音的画面摄制在一定的物体上，借助适当的装置放映、播放的作品。以类似摄制电影的方法创作的作品包括影视作品、录像作品、激光视盘等。中国对于该类作品的著作权的归属作出了明确的规定，著作权法第 15 条规定，电影作品和以类似摄制电影的方法创作的作品的著作权由制片者享有，但编剧、导演、摄影、作词、作曲等作者享有署名权，并有权按照与制片者签订的合同获得报酬。电影作品和以类似摄制电影的方法创作的作品中的剧本、音乐等可以单独使用的作品的作者有权单独行使其著作权。我们可以看到，对于电影作品的整体著作权，除作者的署名权外，其他人身权利和财产权利均由制片人所享有；同时，该类作品中的剧本、音乐等作者对于其创作的作品也享有独立的著作权。

（七）美术作品原件

对于一件美术作品来说，其权利主要包括两方面的内容：一是原件所有人基于美术作品原件所有权而产生的占有、使用、收益、处分该美术作品的权利；二是作者对于该作品享有的著作权。因美术作品的美学特征和其价值性，美术作品原件的所有权和著作权相分离的现象经常出现。一般而言，美术作品的原件作为物质载体，其所有权的转移并不会导致著作权的必然转移。为平衡美术作品原件所有权人和著作权人双方的利益，著作权法第18条规定，美术等作品原件所有权的转移，不视为作品著作权的转移，但美术作品原件的展览权由原件所有人享有，即美术作品的作者依然享有著作权，法律只将原件的展览权赋予原件的所有权人行使，复制件的展览权依然由著作权人享有。

（八）作者身份不明的作品

著作权法实施条例第13条规定，作者身份不明的作品，由作品原件的所有人行使除署名权以外的著作权。作者身份确定后，由作者或者其继承人行使著作权。需要注意的是，作者身份不明的作品仅指世人无法确定其身份的作品，对于那些作者未署名或者未署真实姓名，但我们可以通过其他途径获知其作者身份的作品并不属于作者身份不明的作品。

（九）司法解释中规定的作品

《最高人民法院关于审理著作权民事纠纷案件适用法律若干问题的解释》中规定了其他不同类型的作品以及其著作权的归属：

1. 由他人执笔，本人审阅定稿并以本人名义发表的报告、讲话等作品，著作权归报告人或者讲话人享有。著作权人可以支付执笔人适当的报酬。

2. 当事人合意以特定人物经历为题材完成的自传体作品，当事人对著作权权属有约定的，依其约定；没有约定的，著作权归该特定人物享有，执笔人或整理人对作品完成付出劳动的，著作权人可以向其支付适当的报酬。

【风险提示】

对于不具有民事行为能力的作者创作完成的作品，自作品完成时获得著作权；但是在其后处分著作权的效力问题则应适用合同法的效力规定。

在因合同取得著作权的情况下，双方应当签订书面合同。

对于自传作品，司法解释有特别规定的，按照特别规定来判断著作权的归属。

【相关案例】

“秋林 QiuLin 及图”商标作品著作权权属纠纷案

涉案“秋林 QiuLin 及图”图形作品系秋林集团公司原下属企业秋林食品厂（后更名为秋林食品公司）的职工杜某某于1991年设计完成。1991年11月19日，秋林集团公司以该作品作为商标图案，向国家商标局提出商标注册申请。《商标注册申请书》中对商标设计说明的描述为：“秋林”商标设计采用带有花边的圆形构成，圆内上有一个经过概括的四层俄式建筑，代表秋林公司建筑形象；楼形的下方有一条较宽的横带，横带上有活泼的“秋林”汉字，横带的运用既使整个图的构图平稳，又代表着公司的基础稳固；横带下是秋林的拼音“QiuLin”，起到装饰作用。国家商标局于1992年授予秋林集团公司注册商标专用权。其后，秋林集团公司分别授权秋林食品公司和秋林糖果公司使用。1997年12月22日，秋林糖果公司根据秋林集团公司的授权，以涉案“秋林 QiuLin 及图”作品为图案，申请在第29类（香肠、风干肠、火腿等）商品注册商标。1999年4月21日，经国家商标局核准，秋林糖果公司获得第1266601号（香肠、风干肠、火腿等）注册商标专用权。秋林糖果公司及其子公司秋林里道斯公司分别在各自生产的红肠、风干香肠、大虾酥糖、巧克力酒心糖、格瓦斯饮料等商品上使用了“秋林 QiuLin 及图”注册商标。2011年2月，秋林食品公司以涉案“秋林 QiuLin 及图”作品系杜某某创作的职务作品，著作权属于秋林食品公司，秋林糖果公司、秋林里道斯公司未经其允许，在诸多产品上使用“秋林 QiuLin 及图”图案，侵犯其著作权为由向法院提起诉讼。

法院经审理认为，涉案“秋林 QiuLin 及图”作品的作者系秋林食品公司职工，涉案作品是职务作品。本案争议焦点在于该职务作品的归属。涉案作品创作完成时正值中国计划经济向市场经济转型的特殊历史时期。在当时的历史条件下，计划经济占据主导地位，企业的产权制度不明晰，具有隶属关系的企业之间，上级部门对下级部门的管理具有强烈的指令性特点。当时，秋林食品公司是秋林集团公司的下属企业，虽然形式上是独立的企业法人，但在企业生产、经营、人员管理等方面均受秋林集团公司领导。根据“秋林 QiuLin 及图”商标设计说明，以及该商标的整体设计思路，可证明涉案作品具有明确的创作指向，代表的是秋林集团公司的意志，体现的是秋林集团公司的元素特点及“秋林”品牌的整体形象。结合当时特殊的历史背景，应当认定作者创作涉案作品是按照秋林集团公司的要求，完成秋林集团公司工作任务的职务行为，不能仅凭作者的劳动关系在秋林食品公司就认定涉案作品是秋林食品公司的职务作品。

【法条指引】

中华人民共和国著作权法（节录）

第十六条 公民为完成法人或者其他组织工作任务所创作的作品是职务作品，除本条第二款的规定以外，著作权由作者享有，但法人或者其他组织有权在其业务范围内优先使用。作品完成两年内，未经单位同意，作者不得许可第三人以与单位使用的相同方式使用该作品。

有下列情形之一的职务作品，作者享有署名权，著作权的其他权利由法人或者其他组织享有，法人或者其他组织可以给予作者奖励：

（一）主要是利用法人或者其他组织的物质技术条件创作，并由法人或者其他组织承担责任的工程设计图、产品设计图、地图、计算机软件等职务作品；

（二）法律、行政法规规定或者合同约定著作权由法人或者其他组织享有的职务作品。

第十九条 著作权属于公民的，公民死亡后，其本法第十条第一款第（五）项至第（十七）项规定的权利在本法规定的保护期内，依照继承法的规定转移。

著作权属于法人或者其他组织的，法人或者其他组织变更、终止后，其本法第十条第一款第（五）项至第（十七）项规定的权利在本法规定的保护期内，由承受其权利义务的法人或者其他组织享有；没有承受其权利义务的法人或者其他组织的，由国家享有。

第二节　著作权的客体

【规则要点】

著作权的客体是著作权的核心，描述的是哪些智力成果可以成为法律保护的对象。著作权法具体规定了哪些作品是中国法律保护的内容。作品有很多种类，但是都具有一定的共性——独特性，是一种外在表达而非内在思想，其属于文学、科学、艺术中的某一类。在判断是否属于著作权的客体时：首先，应判定是否为思想的外在表达；其次，要根据每一类客体的特点进行判断。

【理解与适用】

一、作品概述

著作权的客体是作品。著作权法所称作品，是指文学、艺术和科学领域内，具有独创性并能以某种有形形式复制的智力成果。

作品种类很多，但是都具有以下基本特征：

第一，作品是人类的智力成果，具有独创性。

独创性，是指作品是经作者独立思考，运用自己的方法和习惯将自己内在的思想经过一系列组合、编排独立创作出来的作品，而非对于已有作品的复制或剽窃。

第二，作品是思想情感的表达方式而非思想情感本身。

著作权法区分了思想和表达：思想和情感属于个人的主观范围，其主观性很强，不易为外人所察觉。而只有将这种内在的情感或思想充分表达出来，才可以被他人所了解，同时，这种思想若不表达出来，也不会受到法律的保护，法律无法穷尽每个人内心的主观世界，这对于法律来说也是不切实际的。著作权法保护表达而不保护思想也体现在国家公约中：《保护文学和艺术作品伯尔尼公约》（以下简称《伯尔尼公约》）指出，一个人公开他的思想后，是没有办法阻止他人使用这一思想的。但这一思想一旦被阐述或表达出来，就存在对借以表现这一思想的文字、符号、线条等的著作权保护。换言之，能受到保护的是表现形式而不是思想本身。《与贸易有关的知识产权协议》（以下简称 TRIPs）规定，著作权保护应延及表达方式，但不延及思想、工艺、操作办法或者数学概念本身。

第三，作品表现形式属于文学、艺术和科学范畴。

作品是作者思想、感情的外在表现形式，同时，这种表现形式也要满足一定的要求，即属于文学、艺术和科学领域。

二、作品的种类

著作权法第 3 条明确规定了作品的种类：

（一）文字作品

文字作品，是指小说、诗词、散文、论文等以文字形式表达的作品。这里的文字是广义的，包括以文字、数字、符号等形式表现的文章、图书、说明书、翻译、论著等。但应注意的是，文字的书写方式并不影响文字作品的性质，比如，它可以选择打印、书写等形式。当然，如果手写形成了美术字，则其为美术作品。

（二）口述作品

口述作品，是指即兴的演说、授课、法庭辩论等以口头语言形式表现的作品。其特征在于即时性和口头性。以文字或者录音形式固定下来的即兴的作品，以及事先准备的演讲稿进行的宣读都不是口述作品。口述作品主要体现为听觉的、时间的、流动的艺术，它以语言为表现手段，以声音为载体，有感而发、即兴完成、转瞬即逝，并以口述为原始表现形式。著作权法实施条例列举了 3 种典型的口述作品：演说、授课、法庭辩论。口述作品要达到一定的长度和复杂度才能构成著作权意义上的口述作品，在一定的时间内演讲者将自己的思想感情表达出来并能够反映个性时，即成为口述作品。

（三）音乐、戏剧、曲艺、舞蹈、杂技艺术作品

音乐作品，是指歌曲、交响乐等能够演唱或者演奏的带词或者不带词的作品，其基本表现手段为旋律、和声和节奏。音乐作品可以以乐谱或者非乐谱的形式出现，包括配词和不配词的声音的各种独创性的组合。

戏剧作品，是指话剧、歌剧、地方戏等供舞台演出的作品，包括喜

剧、悲剧、独幕剧等形式。

曲艺作品，是指以带有表演动作的说唱来叙述故事、表达情感等艺术形式表现出来的作品，这种作品既可以是书面形式，也可以是口述作品。著作权法实施条例第 4 条第 5 项规定，“曲艺作品，是指相声、快书、大鼓、评书等以说唱为主要形式表演的作品”。

舞蹈作品，是指通过连续的动作或动作组合、表情、姿势所表现的作品。

杂技艺术作品，是指杂技、魔术、马戏等通过形体动作和技巧表现的作品。

（四）美术、建筑作品

美术作品，是指绘画、书法、雕塑等以线条、色彩或者其他方式构成的有审美意义的平面或者立体的造型艺术作品。绘画，是指用笔、板刷、刀、墨、颜料等工具材料，在纸、纺织物、木板、墙壁等平面上塑造形象的艺术形式。

建筑作品，是指以建筑物或者构造物形式表现的有审美意义的作品，包括作为其施工基础的平面图、设计图、草图和模型。

该两类作品之所以能够受到著作权的保护，是因为它们具有艺术美感，能够给公众带来视觉上的享受，同时也是设计师独特的美学观点和创造力的表达。因此，缺乏创造性或者缺少艺术美感的建筑物或者美术内容不能受到法律的保护。

（五）摄影作品

摄影作品，是指借助科技器械，在对光和其他辐射敏感的表面上就实体物拍摄而形成的作品。摄影作品指的是照片上记载的画面，照片本身是摄影作品的物质载体。著作权法保护的摄影作品是指具有独创性的照片，单纯复制的照片不受著作权法的保护。

（六）电影作品和以类似摄制电影的方法创作的作品

电影作品和以类似摄制电影的方法创作的作品是指摄制在一定的介质上，由一系列有伴音或无伴音的画面组成，并借助适当的装置放映或者以其他方式传播的作品，一般也被称为视听作品，它包括科教片、美术片等。该类作品是设置完成的影片或具有独立意义的片段。

（七）工程设计图、产品设计图、地图、示意图等图形作品和模型作品

图形作品，是指为施工、生产、反映地理现象、说明事物原理或者结构

绘制的工程设计图、产品设计图、地图、示意图等作品。工程设计图是指利用线条绘制的用来表现工程的基本结构和造型的平面图案，如工厂、铁路等设计图；产品设计图是指利用线条绘制的用以说明产品的造型和结构的平面图案，如服装设计图；地图是指以线条、颜色来表现，按照一定的数学法则，运用各种符号和制图的综合原则，反映客观的地理、人口分布、矿藏情况的图，地图种类繁多，如地形图；示意图是指以点、线、标记等为表现形式来说明复杂事物的原理或显示具体事物的形状，如人造卫星运行图。

模型作品，是指为展示、实验或观测等用途，根据物体的形状和结构，按照一定的比例制作而成的立体作品，如建筑模型。

（八）计算机软件

计算机软件包括计算机程序及其有关文档。计算机程序，是指为了得到某种结果而可以由计算机等具有信息处理能力的装置执行的代码化指令序列，或者可被自动转化成代码指令序列的符号化指令序列或者符号化语言序列，以及有关的序列。计算机程序包括程序和目标程序。文档是指在程序创作过程中，用自然语言或者形式化语言所编写的用来描述程序的内容、组成、设计、功能规格、开发情况、测试结果及其使用方法，如程序设计说明书、流程图、用户手册等。计算机软件必须满足原创性和固定性等条件才能获得法律的保护。

（九）法律、行政法规规定的其他作品

这是一个兜底性条款，是指法律、行政法规所规定的除上述作品外的其他文学、艺术和科学作品。随着科技的发展，人们的观念不断变化，作品的形态也不断拓展，某些新的思想情感的表现形式虽然不属于上述作品之列，但仍可依据著作权法予以保护。民间艺术作品是指作者不明确但是可以推定来源于某一地区，以传统的文化、艺术、形式以及方法的有形的或者无形的表达。民间文学艺术作品具有集体性、长期性、传承性等特征。著作权法规定，民间文学艺术作品的著作权保护办法由国务院另行规定。

三、著作权法不予保护的对象

著作权法保护的作品范围及对象非常广泛，但并非所有的作品都可以成为著作权的客体。著作权法明确规定了几种法律不予保护的对象。

（一）法律、法规等

包括国家立法机关颁布的法律、法令以及国家机关的决议、决定、命令和其他具有立法、行政、司法性质的文件，及其官方正式译文。

（二）时事新闻

时事新闻，是指通过报纸、期刊、广播电台、电视台等新闻媒体报道的纯粹的事实消息。

（三）历法、通用数表、通用表格和公式

历法，是指用年月日计算时间或者节气的方法；通用数表，是指人们通用的含有一定数字并反映一定关系的表格；通用表格，是指人们普遍使用的为填写数字或者文字而按照一定项目绘制的表格；公式，是指用数学符号表示几个量之间关系的因式。

【风险提示】

在判定某一智力成果是否能获得著作权保护时，要先排除法律不予保护的内容。

【相关案例】

洪某某、邓某某诉贵州五福坊食品有限公司、贵州今彩民族文化研发有限公司著作权侵权纠纷案

原告洪某某从事蜡染艺术设计创作多年，先后被文化部授予“中国十大民间艺术家”“非物质文化遗产保护工作先进个人”等荣誉称号。2009年8月，其创作完成的《和谐共生十二》作品发表在贵州人民出版社出版的《福远蜡染艺术》一书中，该作品借鉴了传统蜡染艺术的自然纹样和几何纹样的特征，色彩以靛蓝为主，描绘了一幅花、鸟共生的和谐图景。2010年8月1日，原告洪某某与原告邓某某签订《作品使用权转让合同》，合同约定洪某某将涉案作品的使用权（蜡染上使用除外）转让给邓某某，由邓某某维护受让权利范围内的著作财产权。

被告贵州五福坊食品有限公司（以下简称五福坊公司）委托第三人贵州今彩民族文化研发有限公司（以下简称今彩公司）进行产品的品牌市场

形象策划设计服务，包括进行产品包装及配套设计、产品手册以及促销宣传品的设计等。根据第三人今彩公司的设计服务，五福坊公司在其生产销售的产品贵州辣子鸡、贵州小米渣、贵州猪肉干的外包装礼盒的左上角、右下角使用了蜡染花鸟图案和如意图案边框。洪某某认为五福坊公司使用了其创作的《和谐共生十二》作品。一方面，侵犯了洪某某的署名权，割裂了作者与作品的联系；另一方面，侵犯了邓某某的著作财产权。经比对查明，五福坊公司生产销售的上述三种产品外包装礼盒和产品手册上使用的蜡染花鸟图案与洪某某创作的《和谐共生十二》作品，在鸟与花图形的结构造型、线条的取舍与排列上一致，只是图案的底色和线条的颜色存在差别。

法院经审理，认为涉案作品对鸟的外形进行了补充，对鸟的眼睛、嘴巴丰富了线条，对鸟的脖子、羽毛融入了作者个人的独创，使得鸟图形更为传神生动，对中间的铜鼓纹花也融合了作者的构思而有别于传统的蜡染艺术图案，因此，《和谐共生十二》画作属于传统蜡染艺术作品的衍生作品，受到知识产权法律制度的保护。

【法条指引】

中华人民共和国著作权法（节录）

第三条 本法所称的作品，包括以下列形式创作的文学、艺术和自然科学、社会科学、工程技术等作品：

（一）文字作品；

（二）口述作品；

（三）音乐、戏剧、曲艺、舞蹈、杂技艺术作品；

（四）美术、建筑作品；

（五）摄影作品；

（六）电影作品和以类似摄制电影的方法创作的作品；

（七）工程设计图、产品设计图、地图、示意图等图形作品和模型作品；

（八）计算机软件；

（九）法律、行政法规规定的其他作品。

第四条 著作权人行使著作权，不得违反宪法和法律，不得损害公共利益。国家对作品的出版、传播依法进行监督管理。

第五条 本法不适用于：

（一）法律、法规，国家机关的决议、决定、命令和其他具有立法、行政、司法性质的文件，及其官方正式译文；

（二）时事新闻；

（三）历法、通用数表、通用表格和公式。

《中华人民共和国著作权法实施条例》（节录）

第四条 著作权法和本条例中下列作品的含义：

（一）文字作品，是指小说、诗词、散文、论文等以文字形式表现的作品；

（二）口述作品，是指即兴的演说、授课、法庭辩论等以口头语言形式表现的作品；

（三）音乐作品，是指歌曲、交响乐等能够演唱或者演奏的带词或者不带词的作品；

（四）戏剧作品，是指话剧、歌剧、地方戏等供舞台演出的作品；

（五）曲艺作品，是指相声、快书、大鼓、评书等以说唱为主要形式表演的作品；

（六）舞蹈作品，是指通过连续的动作、姿势、表情等表现思想情感的作品；

（七）杂技艺术作品，是指杂技、魔术、马戏等通过形体动作和技巧表现的作品；

（八）美术作品，是指绘画、书法、雕塑等以线条、色彩或者其他方式构成的有审美意义的平面或者立体的造型艺术作品；

（九）建筑作品，是指以建筑物或者构筑物形式表现的有审美意义的作品；

（十）摄影作品，是指借助器械在感光材料或者其他介质上记录客观物体形象的艺术作品；

（十一）电影作品和以类似摄制电影的方法创作的作品，是指摄制在一定介质上，由一系列有伴音或者无伴音的画面组成，并且借助适当装置放映或者以其他方式传播的作品；

（十二）图形作品，是指为施工、生产绘制的工程设计图、产品设计图，以及反映地理现象、说明事物原理或者结构的地图、示意图等作品；

（十三）模型作品，是指为展示、试验或者观测等用途，根据物体的形状和结构，按照一定比例制成的立体作品。

第五条 著作权法和本条例中下列用语的含义：

（一）时事新闻，是指通过报纸、期刊、广播电台、电视台等媒体报道的单纯事实消息；

（二）录音制品，是指任何对表演的声音和其他声音的录制品；

（三）录像制品，是指电影作品和以类似摄制电影的方法创作的作品以外的任何有伴音或者无伴音的连续相关形象、图像的录制品；

（四）录音制作者，是指录音制品的首次制作人；

（五）录像制作者，是指录像制品的首次制作人；

（六）表演者，是指演员、演出单位或者其他表演文学、艺术作品的人。

第三节 著作权的内容和期限

【规则要点】

著作权的内容具有丰富性和复杂性，既包括著作人身权，也包括著作财产权。著作人身权与人身具有密切的联系，因此，法律对其进行保护的期限也更长；对于著作财产权的保护，法律针对不同类型的财产权规定了不同的保护期限。

【理解与适用】

一、著作权的内容

著作权的内容，是指著作权主体基于其创作完成的作品而享有的权利。根据著作权法第10条的规定，著作权包括著作人身权和著作财产权两方面的内容。

（一）著作人身权

著作人身权，是指作者依法享有的以人身利益为内容的权利。包括发表权、署名权、修改权和保护作品完整权。

1. 发表权

发表权是作者决定是否将作品公之于众的权利，即作者决定是否将作品公之于众、何时何地以何种方式公之于众的权利。公之于众是指将作品置于公众所知悉的状态，具体公众是否知悉在所不问。《最高人民法院关于审理著作权民事纠纷案件适用法律若干问题的解释》规定，著作权法第10条第1项规定的“公之于众”，是指著作权人自行或者经著作权人许可将作品向不特定的人公开，但不以公众知晓为构成条件。同时，公之于众是指将作品向不特定多数人提供，而非向特定人公开。发表权区别于其他著作人身权的特点是发表权行使的一次性，即作者只要以合法的方式公之于众，即构成已发表的作品，并享有其他相应的权利。

在司法实践中，尽管作者未将作品公之于众，但是存在下列情形的，推定作者同意发表其作品：一是作者许可他人使用其发表的作品；二是作者将其未发表的美术作品的原件所有权转让给他人。还要注意，发表权的行使与隐私权存在联系：如果行为人未经作者的许可，擅自发表作者尚未发表的作品，这不仅会侵犯作者的著作权，同时还可能侵犯作者的隐私权。

2. 署名权

署名权，是指表明作者身份，在作品上署名的权利。著作权法第11条第4款规定，“如无相反证明，在作品上署名的公民、法人或者其他组织为作者”，即作者应以署名的方式表明自己的身份。对于演绎作品，原作者依然享有署名权。著作权法实施条例第19条对此进行了具体的规定，“使用他人作品的，应当指明作者姓名、作品名称；但是，当事人另有约定或者由于作品使用方式的特性无法指明的除外”。

署名权的内容包括积极权利和消极权利，积极权利包括作者有权决定是否署名、署名的方式（署真名还是假名）以及署名的顺序；消极权利包括作者禁止他人署名以及禁止他人冒用署名。署名权保障作者的身份得到尊重。

3. 修改权

修改权，是指修改或者授权修改作品的权利。著作权法意义上的修改仅指对于作品内容进行补充、删减和修正，而不是对作品的改编，改编是创作出新作品，而不是单纯的修改。

修改权的内容也包括积极权利和消极权利两方面的内容：作者有权自己进行修改以及授权他人进行修改；禁止他人对作品进行篡改。

4. 保护作品完整权

保护作品完整权，是指保护作品不受歪曲、篡改的权利。作品是作者内心思想感情的一种反映，作者有权保护自己创作的内容不被其他人丑化；未经作者同意，他人不得擅自对作品的内容进行删减、变更，防止作者的形象、声望受到损害。歪曲是指故意改变事物的真相或内容；篡改是指用作伪的手段对作品进行改动或曲解。这些行为都会导致作者的声望受到损害，因此，著作权法第 10 条第 1 款对其进行了规定。对于著作权客体中的电影摄制来说，肯定会涉及对于原著或者剧本的修改，但是如果这种修改没有达到改变作者原意和思想感情的程度，即不构成对其著作权的侵犯。著作权法实施条例第 10 条对此也进行了限定，著作权人许可他人将其作品摄制成电影作品和以类似摄制电影的方法创作的作品的，视为已同意对其作品进行必要的改动，但是这种改动不得歪曲篡改原作品。

（二）著作财产权

著作财产权，是指作者和其他著作权人享有的自己使用或者授权他人使用作品从而获得经济报酬的专有权利。

著作财产权主要包括以下权利：

1. 复制权

复制权，是指以印刷、复印、拓印、录音、录像、翻录、翻拍等方式将作品制作一份或者多份的权利。复制的本质特征就是在保持作品信息不变的前提下，增加作品的数量。传统意义上的复制包括手抄、雕刻等方式的手工复制和印刷、复印等方式的机械复制两种类型。随着科技的不断发展，很多新型的复制方式应运而生，如将作品以各种技术手段固定在光盘等媒介之上、将作品上传至网络服务器、以网络作为媒介向其他用户发送作品等。复制权在著作权体系中居于核心位置。

2. 发行权

发行权，是指以出售或者赠与方式向公众提供作品的原件或者复制件的权利。构成著作权法意义上的发行行为要满足以下条件：行为的对象为公众且需要当面提供，而且要转移其原件或复制件的有形载体，该条件也是区别发行权与其他财产权的关键。如发表权一样，发行权也是一次性权利。该权利在英美法系国家被称为“首次销售原则”，在大陆法系国家则是“权利穷竭原则”，其含义为：作品原件和经授权制作的复制件经著作权人许可，首次销售或者赠与后，著作权人就无权控制其再次流转。

3. 出租权

出租权，是指有偿许可他人临时使用电影作品和以类似摄制电影的方法创作的作品、计算机软件的权利，计算机软件不是出租的主要标的的除外。对于该权利，要注意以下两个限制条件：一是有偿允许他人使用，不存在免费的情况；二是作品的范围仅限于电影作品和以类似摄制电影的方法创作的作品、计算机软件，其他类型的客体不适用该权利。

4. 展览权

展览权，是指公开陈列美术作品、摄影作品的原件或者复制件的权利。对展览权设定的限制条件为：该公开是指向不特定的多数人进行展示，同时权利客体仅限于美术作品和摄影作品，不涉及其他类型的作品。需要注意的是，著作权法对该权利规定的例外情形：美术等作品原件所有权的转移，不视为作品著作权的转移，但美术作品原件的展览权由原件所有人享有，即美术等作品载体所有权的转移并不意味着著作权的同步转移，展览权随着原件所有权的转移而转移。

5. 表演权

表演权，是指公开表演作品，以及用各种手段公开播送作品的表演的权利。表演权包括两种类型：演员对作品的现场表演和对作品的现场表演以各种手段进行公开播送。后者中比较典型的为将对作品的表演录制之后使用机器进行公开播送的机械表演。根据著作权法第 37 条第 1 款的规定，使用他人作品演出，表演者（演员、演出单位）应当取得著作权人许可，并支付报酬。演出组织者组织演出，由该组织者取得著作权人许可，并支付报酬。在商业演出中，演唱歌曲应得到著作权人的授权并支付相应的报酬，否则可能构成侵权。

6. 放映权

放映权，是指通过放映机、幻灯机等技术设备公开再现美术、摄影、电影和以类似摄制电影的方法创作的作品等的权利。行为人要想行使该权利须经著作权人的许可并向其支付报酬。

7. 广播权

广播权，是指以无线方式公开广播或者传播作品，以有线传播或者转播的方式向公众传播广播的作品，以及通过扩音器或者其他传送符号、声音、图像的类似工具向公众传播广播的作品的权利。广播权规定了三种广播行为：无线广播、有线广播以及通过扩音器等机器设备进行公开广播。

8. 信息网络传播权

信息网络传播权，是指以有线或者无线方式向公众提供作品，使公众可以在其个人选定的时间和地点获得作品的权利。信息网络传播权与广播权的最大区别在于，前者的信息接受者可以在自己选定的时间、地点获得该信息，而后者只能在广播者确定的时间、地点接受该信息，所以前者被称为“交互式传播”，而后者则是“单向传播”。构成交互式传播需要满足以下条件：首先，该行为应该是通过网络向公众传播信息；其次，该行为能够使公众在其个人选定的时间和地点获得作品，否则不能称之为信息网络传播权。

9. 摄制权

摄制权，是指以摄制电影或者以类似摄制电影的方法将作品固定在载体上的权利。据此，将表演或者景物机械地录制不视为摄制电影、电视作品。因为该行为并不会产生独创性的作品。摄制权的内容为著作权人有权自行摄制或允许他人摄制成电影等作品，若他人未获得权利人的许可，则侵犯了著作权人的权利。

10. 改编权

改编权，是指改变作品，创作出具有独创性的新作品的权利。改编作品需要与原作的基本表达一致，否则根据原作的思想创作的新作品并不会受到改编权的控制。

11. 翻译权

翻译权，是指将作品从一种语言文字转换成另一种语言文字的权利。翻译权的本质特征为在两种语言中转换作品，一般只涉及文学作品、口述作品等，美术作品、乐曲等一般不涉及翻译权的问题。需要注意的是，将汉语写成的小说改成盲文并不是翻译行为，只是复制行为，因在该过程中，不涉及行为人智力的创造活动，缺乏创造性，故不构成著作权意义上的翻译。

12. 汇编权

汇编权，是指将作品或者作品的片段通过选择或者编排，汇集成新作品的权利。即要构成汇编作品，必须在选择或者编排作品方面体现出独创性。

13. 应当由著作权人享有的其他权利

随着社会的发展，可能会出现一些新的利用作品的方式，故法律规定了一个兜底性条款来应对。

二、邻接权

著作人身权和著作财产权是指狭义著作权，广义著作权还包括邻接权。根据著作权法的规定，邻接权特指表演者对其表演活动、录音录像作者制作的录音录像、广播组织者对其播出的广播信号以及出版者对其版式设计所享有的权利。

【风险提示】

对于法律规定的兜底性条款，是根据社会的发展进行补充，而不是将不符合相关规定的对象归为该款。

【相关案例】

广东大哥大集团有限公司与三六一度（中国）有限公司著作权权属、侵权纠纷案

广东大哥大集团有限公司（以下简称大哥大公司）是一家专业从事服饰设计、生产、销售的企业，大哥大公司的产品及其 D. K. D 商标曾荣获“中国名牌产品”“国家免检产品”等多项荣誉。2008 年 4 月，大哥大公司的 D. K. D 商标被国家工商行政管理总局商评委认定为驰名商标。2012 年，大哥大公司被选为海阳 2012 年“亚沙会”正装服饰的赞助商。正装服饰包括工作人员制服、官员唐装、礼仪服装及驾驶员服装。

三六一度（中国）有限公司（以下简称三六一度公司）是一家专业生产运动鞋服的企业，其“361°及图”商标于 2005 年 12 月 31 日被

国家工商行政管理总局商标局认定为驰名商标。2011 年 3 月 7 日，三六一度公司与第三届亚洲沙滩运动会组织委员会签订《海阳 2012 年亚洲沙滩运动会体育服装高级合作伙伴赞助协议》，为“亚沙会”提供运动服饰。

2012 年 4 月，大哥大公司发现三六一度公司在其公司的官方网站论坛及微博上使用了大哥大公司设计、开发、制作的“亚沙会”正装、礼服设计效果图及发布会服装展示之相关图片，先后于 2012 年 3 月至 6 月间 4 次到广东省广州市海珠公证处，申请对上述网页及微博的相关内容进行证据保全公证，该公证处分别出具了（2012）粤广海珠第 50571 号等 8 份上述公证书。

另查，三六一度公司所使用的图片、文字均为转载、引用“亚沙会”官方网站上有关服装发布会的现场照片及文字报道。

一审法院认为不存在侵权行为。大哥大公司不服提起上诉，二审法院认为：根据著作权法第 10 条规定可知，著作权人依法享有的署名权、修改权、保护作品完整权等人身权利，以及复制权、发行权、翻译权等财产权利。任何人未经著作权人的许可，都不得以复制、发行、翻译等方式对作品进行使用。本案中，虽然三六一度公司以发送现场发布会文字图片的形式将大哥大公司在“亚沙会”官方服装发布会上展示的服装效果图及服装发布在其官方网站论坛及官方微博上，且在文字表述部分未注明服装效果图及服装的著作权人为大哥大公司。但是，三六一度公司的此种行为不过是使用了现场发布会的照片而不是大哥大公司的作品本身，即并未直接利用大哥大公司的服装效果图或服装，故该行为不属于著作权法所规定的使用行为。因此，不构成对大哥大公司著作权的侵犯。

【法条指引】

中华人民共和国著作权法（节录）

第十条 著作权包括下列人身权和财产权：

（一）发表权，即决定作品是否公之于众的权利；

（二）署名权，即表明作者身份，在作品上署名的权利；

（三）修改权，即修改或者授权他人修改作品的权利；

（四）保护作品完整权，即保护作品不受歪曲、篡改的权利；

（五）复制权，即以印刷、复印、拓印、录音、录像、翻录、翻拍等方式将作品制作一份或者多份的权利；

（六）发行权，即以出售或者赠与方式向公众提供作品的原件或者复制件的权利；

（七）出租权，即有偿许可他人临时使用电影作品和以类似摄制电影的方法创作的作品、计算机软件的权利，计算机软件不是出租的主要标的的除外；

（八）展览权，即公开陈列美术作品、摄影作品的原件或者复制件的权利；

（九）表演权，即公开表演作品，以及用各种手段公开播送作品的表演的权利；

（十）放映权，即通过放映机、幻灯机等技术设备公开再现美术、摄影、电影和以类似摄制电影的方法创作的作品等的权利；

（十一）广播权，即以无线方式公开广播或者传播作品，以有线传播或者转播的方式向公众传播广播的作品，以及通过扩音器或者其他传送符号、声音、图像的类似工具向公众传播广播的作品的权利；

（十二）信息网络传播权，即以有线或者无线方式向公众提供作品，使公众可以在其个人选定的时间和地点获得作品的权利；

（十三）摄制权，即以摄制电影或者以类似摄制电影的方法将作品固定在载体上的权利；

（十四）改编权，即改变作品，创作出具有独创性的新作品的权利；

（十五）翻译权，即将作品从一种语言文字转换成另一种语言文字的权利；

（十六）汇编权，即将作品或者作品的片段通过选择或者编排，汇集成新作品的权利；

（十七）应当由著作权人享有的其他权利。

著作权人可以许可他人行使前款第（五）项至第（十七）项规定的权利，并依照约定或者本法有关规定获得报酬。

著作权人可以全部或者部分转让本条第一款第（五）项至第（十七）项规定的权利，并依照约定或者本法有关规定获得报酬。

第四节 表演者权

【规则要点】

表演者权是法律为保护表演者对其表演活动享有权利而规定的一类著作权。在适用上，表演者权是表演者所特别享有的，其表演的内容必须是作品。表演者权的内容也包括人身权和财产权。

【理解与适用】

一、表演者权的主体

表演者权，是指表演者对其表演活动所享有的专有权利。对于表演者的概念，著作权法实施条例规定，表演者，是指演员、演出单位或者其他表演文学、艺术作品的人。只有表演作品的人才能成为真正著作权意义上的表演者，故对于表演者的界定我们要从以下两个方面进行：首先，表演作品的人就是表演者；其次，被表演的内容一定是著作权法意义上的作品。

二、表演者权的客体

表演者权的客体是表演活动，即表演者根据自己对于作品的理解，通过自己的肢体语言以及道具等表现作品的内容。表演者对于其每一次表演活动都享有表演者权。

根据著作权法的规定，表演者在使用他人作品时也应履行相应的手续、得到著作权人的许可并支付相应的报酬，否则，可能会构成侵权行为。

1. 使用他人作品演出，表演者（演员、演出单位）应当取得著作权人许可，并支付报酬。演出组织者组织演出，由该组织者取得著作权人许可，并支付报酬。

2. 使用改编、翻译、注释、整理已有作品而产生的作品进行演出，应当取得改编、翻译、注释、整理作品的著作权人和原作品的著作权人许可，并支付报酬。

3. 关于报酬问题，法律也进行了明确的规定：使用作品的付酬标准可以由当事人约定，也可以按照国务院著作权行政管理部门会同有关部门制定的付酬标准支付报酬。当事人约定不明确的，按照国务院著作权行政管理部门会同有关部门制定的付酬标准支付报酬。

对于外国人的表演，中国法律也给予了相应的保护：（1）外国人、无国籍人在中国境内的表演，受著作权法保护。（2）外国人、无国籍人根据中国参加的国际条约对其表演享有的权利，受著作权法保护。

三、表演者权的内容

（一）表明表演者身份

该权利是表演者享有的一项人身权利，因表演形式的不同，表演者表明其身份的方式也不相同：现场表演的，既可以由现场主持人向大家播报每个表演者的身份，也可以在海报或者节目单上表明表演者的身份；在电影、广播中的表演，应在播出节目时表明表演者的身份；电视台转播时可以将表演者的身份在字幕中表明等。

（二）保护表演形象不受歪曲

保护表演形象不受歪曲，是指表演者有权禁止他人对其表演中的表演形象进行歪曲和篡改。表演形象与表演者的名誉直接相关，歪曲其表演形象会给其演出事业带来重大打击。表演形象是表演者通过自身对于作品的理解创作出的全新的形象，有时一个形象是该表演者的代言，故法律不允许任何人以任何手段丑化其表演形象。

（三）许可他人从现场直播和公开传送其现场表演，并获得报酬

现场直播，是指表演者进行现场表演时，广播台、电视台以无线的方式将其演出情况进行同步播出；公开传送其现场表演，是指通过广播以外的其他方式向公众传播其现场表演。表演者有权授予他人从事上述行为，并获得相应的报酬，故此权利为一项重要的财产权利。若行为人未获授权或未支付报酬，则其行为构成对表演者权的侵犯。

（四）许可他人录音录像，并获得报酬

该权利在国际上被称作“首次固定权”，在对表演活动进行录音录像之前，表演活动没有被固定在一定的载体上，只有经过固定，表演活动才能存在于有形的物质载体上，进而进行复制发行。同时这是表演者控制制作音像制品的权利。

（五）许可他人复制、发行录有其表演的录音录像制品，并获得报酬

在经过固定之后，表演者的表演活动被固定在物质载体上，对该制品的复制实际上是对表演活动从平面到平面的复制，而将经过复制的作品面向公众以销售或者赠与的方式提供则是对复制品的发行。而且根据该权利，将该录音录像制品进行商业传播的电视台等以及餐馆等使用该制品的行业，都应向表演者支付相应的使用费用。

（六）许可他人通过信息网络向公众传播其表演，并获得报酬

表演者的该权利与著作权人享有的信息网络传播权是具有相同性质的权利，其权利的核心在于公众可以“交互式”获得网络信息。如果仅仅是直播，而不能在自己选定的时间和地点欣赏该表演活动，则不是表演者的信息网络传播权。

需要注意以下两点：（1）被许可人在行使上述第（三）项到第（六）项权利时，还应取得原著作权人的许可，并向其支付相应的报酬。（2）保护期限问题：前两项人身权因与人身密切相关，故保护期不受时间的限制，而后面的四项财产权的保护期限为50年，截止于表演发生后的第50年的12月31日。

【风险提示】

表演者权得到法律保护，表演的作品必须是经过授权的作品。表演者在获得表演者权前，要注意支付相应的费用。

【相关案例】

广州酷狗计算机科技有限公司诉看见网络科技（上海）有限公司等侵害表演者权纠纷案

2017年1月4日，姚某某来到上海市闵行公证处，在该处公证员的面前签署《授权书》。该《授权书》中姚某某为授权人、看见网络科技（上海）有限公司（以下简称看见网络公司）为被授权人，主要内容为：（1）授权人将附件歌单中所列的音乐类作品［包括但不限于录音制品/作品、MV（包括电影作品和录像制品）、微电影作品］的信息网络传播权及非交互式的网络播放

权，专有许可给被授权人；(2) 被授权人有权以自己的名义制止、打击侵权和盗版行为；(3) 本授权性质为独占性授权，被授权人有权就上述授权内容全部或部分转授权；(4) 授权期限自2012年6月1日至2018年6月1日，授权地域范围为中华人民共和国大陆境内（不包括港、澳、台地区）。附件歌单显示，专辑名称为《幸福时光》，包括15首乐曲，每首乐曲都标有国际标准音像制品编码（ISRC编码），编码序号从TWPXXXXXXXXX至TWPXXXXXXXXX，曲作者、表演者均为姚某某，姚某某享有表演者权利比例为100%。

2016年7月1日，该处出具了（2016）鄂琴台内证字第18022、19721、19723号公证书，公证书的主要内容为：在全新购买的PPOA37m手机中下载安装“酷狗音乐”手机应用程序，进入“酷狗音乐”手机应用程序，搜索专辑《幸福时光》，点击进入《幸福时光姚某某2014—01—24》专辑，显示上述15首歌。看见网络公司表示广州酷狗计算机科技有限公司（以下简称酷狗公司）通过其开发的“酷狗音乐”手机应用程序向公众提供了涉案乐曲的在线播放及下载，侵犯了看见网络公司享有的表演者权中的信息网络传播权，构成直接侵权。酷狗公司确认涉案“酷狗音乐”手机应用程序系其开发且提供了涉案音频的在线播放及下载。双方当事人一致确认，“酷狗音乐”手机应用程序的用户界面中未显示涉案音频的上传时间及播放、下载次数。

一审法院认定姚某某为涉案12首乐曲的弹奏者，享有对其弹奏的上述12首乐曲的表演者权。看见网络公司经姚某某的授权取得了包括涉案乐曲在内多首乐曲的表演者的信息网络传播权及以自己名义依法维权的权利，酷狗公司未经许可在其经营的“酷狗音乐”手机应用程序上提供涉案音频的在线播放及下载，虽辩称系网友上传，但未提供证据证明，一审法院认定其行为直接侵害了看见网络公司对涉案乐曲享有的表演者信息网络传播权，应承担相应的侵权责任。酷狗公司不服提起上诉。二审法院也认定姚某某享有表演者权，酷狗公司承担侵权责任，因此，维持原判。

【法条指引】

中华人民共和国著作权法（节录）

第三十七条　使用他人作品演出，表演者（演员、演出单位）应当取得著作权人许可，并支付报酬。演出组织者组织演出，由该组织者取得著作权人许可，并支付报酬。

使用改编、翻译、注释、整理已有作品而产生的作品进行演出，应当取得改编、翻译、注释、整理作品的著作权人和原作品的著作权人许可，并支付报酬。

第三十八条 表演者对其表演享有下列权利：

（一）表明表演者身份；

（二）保护表演形象不受歪曲；

（三）许可他人从现场直播和公开传送其现场表演，并获得报酬；

（四）许可他人录音录像，并获得报酬；

（五）许可他人复制、发行录有其表演的录音录像制品，并获得报酬；

（六）许可他人通过信息网络向公众传播其表演，并获得报酬。

被许可人以前款第（三）项至第（六）项规定的方式使用作品，还应当取得著作权人许可，并支付报酬。

第三十九条 本法第三十八条第一款第（一）项、第（二）项规定的权利的保护期不受限制。

本法第三十八条第一款第（三）项至第（六）项规定的权利的保护期为五十年，截止于该表演发生后第五十年的 12 月 31 日。

第五节　录音录像制作者权

【规则要点】

录音录像制作者权是作者首次对作品进行固定时享有的权利，其后的制作者不能获得该权利。该权利的客体是录音录像，权利内容包括发行权、信息网络传播权、出租权、录像制作者许可电视台播放权。录音录像制作者在使用他人作品前要向作者支付一定的费用。

【理解与适用】

一、录音录像制作者权的主体、客体

录音录像制作者权，是指录音录像制作者首次对作品进行录音录像进而

对该作品享有的专有权利。权利主体为录音录像作品的作者，即首次录制录音录像的人；录音录像的客体为录音录像。根据法律规定，录音制品是指任何对表演的声音和其他声音的录制品，录像制品是指电影作品和以类似摄制电影的方法创作的作品以外的任何有伴音或者无伴音的连续相关形象、图像的录制品。需要注意的是，录音录像制品都包含作者对于录制对象、角度的个性化的选择，因此，即使是同一内容，不同录制者所呈现的内容可能会有差异，若其内容符合上述著作权的要求，则可以成为著作权意义上的作品；否则，只能依据录音录像制作者权对其内容进行保护。

二、录音录像制作者权的内容

（一）发行权

录音录像制品的发行，是指以出售或者赠与的方式向公众提供录音录像制品的原件或者复制件的行为。销售盗版光盘的行为就是侵犯录音录像权者发行权的行为。

（二）信息网络传播权

录音录像制作者享有信息网络传播权，因此，未经录音录像制作者的许可，擅自将其录音录像内容上传至网络，使公众在其选定的时间和地点欣赏和下载其内容则构成对录音录像制作者权利的侵犯。

（三）出租权

录音录像制作者对其制作的录音录像享有出租权，即使用录音录像制作者制品的原件或者复印件要经过录音录像制作者同意，并向其支付价金，否则即构成侵权。

（四）录像制作者许可电视台播放权

电视台播放他人的录像制品，还应当取得录像制作者的许可，并支付报酬。

三、对录音录像制作者权的限制和要求

录音录像制作者在使用他人作品制作录音录像制品时需要履行以下手续：

1. 录音录像制作者使用他人作品制作录音录像制品，应当取得著作权人许可，并支付报酬。

2. 录音录像制作者使用改编、翻译、注释、整理已有作品而产生的作品，应当取得改编、翻译、注释、整理作品的著作权人和原作品著作权人

许可，并支付报酬。

3. 录音制作者使用他人已经合法录制为录音制品的音乐作品制作录音制品，可以不经著作权人许可，但应当按照规定支付报酬；著作权人声明不许使用的不得使用。

4. 录音录像制作者制作录音录像制品，应当同表演者订立合同，并支付报酬。

5. 被许可人复制、发行、通过信息网络向公众传播录音录像制品，还应当取得著作权人、表演者许可，并支付报酬。

根据著作权法的规定，对于该权利的保护期为50年，截止于该制品首次制作完成后第50年的12月31日。

【风险提示】

录像制作者享有许可电视台播放的权利，但是录音制作者并无此项权利。

【相关案例】

陈某某与深圳市腾讯计算机系统有限公司侵害作品信息网络传播权纠纷案

原告陈某某是《麻衣世家》《麻衣世家2（貔貅血泪）》《麻衣世家3（咒禁迷谷）》3部小说文字作品的著作权人。原告认为被告深圳市腾讯计算机系统有限公司（以下简称深圳腾讯公司）经营的“fm. qq. com”网站中的音频播放平台，以有声音频播放文件的方式传播其享有著作权的上述3部作品，被告作为专业的有声书网站，应当知道在其经营的网站播放有声小说应取得权利人的许可，而没有获得授权，构成著作权侵权，要求被告立即停止侵权并赔偿其经济损失及合理的维权费用10万元。

经查，被告深圳腾讯公司经营的“企鹅FM”原创音频文件平台，为用户提供免费的音频文件上传服务。同时，被告自己亦上传大量的免费音频文件。除此之外，该平台上还有大量的新闻、音乐等内容。被告深圳腾讯公司还提交了《企鹅FM原创平台服务协议》《腾讯企鹅FM原创平台投诉指引》证据，以证明被告在服务协议中用黑色加粗字体明确告知用户不得上传侵犯他人合法权益的内容。

一审法院认为，陈某某是涉案小说文字作品的著作权人。深圳腾讯公司的“企鹅FM”播放平台在性质上属于信息存储空间。涉案音频文件是案外人提供，深圳腾讯公司已及时删除该音频文件且在主观上没有过错，其不应承担赔偿责任，判决驳回了陈某某的诉讼请求。一审宣判后，陈某某不服提起上诉。二审法院判决：驳回上诉，维持原判。

【法条指引】

中华人民共和国著作权法（节录）

第四十条 录音录像制作者使用他人作品制作录音录像制品，应当取得著作权人许可，并支付报酬。

录音录像制作者使用改编、翻译、注释、整理已有作品而产生的作品，应当取得改编、翻译、注释、整理作品的著作权人和原作品著作权人许可，并支付报酬。

录音制作者使用他人已经合法录制为录音制品的音乐作品制作录音制品，可以不经著作权人许可，但应当按照规定支付报酬；著作权人声明不许使用的不得使用。

第四十一条 录音录像制作者制作录音录像制品，应当同表演者订立合同，并支付报酬。

第四十二条 录音录像制作者对其制作的录音录像制品，享有许可他人复制、发行、出租、通过信息网络向公众传播并获得报酬的权利；权利的保护期为五十年，截止于该制品首次制作完成后第五十年的12月31日。

被许可人复制、发行、通过信息网络向公众传播录音录像制品，还应当取得著作权人、表演者许可，并支付报酬。

第六节 广播组织权

【规则要点】

广播组织权是广播电台、电视台对其播放的信号享有的著作权。广播组织权包括转播权、录制复制权两项内容。当权利主体行使权利时，应提前向播放作品的作者或者相关权利人支付一定的费用。

【理解与适用】

一、广播组织权的主体、客体

广播组织权，是指广播电台、电视台依法对其制作的节目享有的专有权利。根据法律规定，广播电台、电视台仅指依法核准登记，专门从事广播电视节目的制作并向其覆盖范围内不特定的公众播发图文、声像信息的单位。广播组织权的主体即为广播组织，客体即为广播组织播放的信号，而非其播出的节目。

二、广播组织权的内容

（一）转播权

根据著作权法的规定，广播电台、电视台有权禁止未经其许可将其播放的广播、电视转播。转播是指广播电台、电视台播送别的电台或电视台的节目，并且广播可以通过有线或者无线的方式进行转播。

（二）录制、复制权

广播电台、电视台有权禁止未经其许可将其播放的广播、电视录制在音像载体上以及复制音像载体。录制是指将广播组织播放的节目通过录制而固定在一定的物质载体上，形成节目的复制件；复制是指对于经过录制的复制件进行复制。

著作权法规定，广播组织权的保护期限为50年，截止于该广播、电视首次播放后第50年的12月31日。

三、广播组织权的限制

广播组织在行使其广播组织权时也应注意不要侵犯他人的权利：

1. 广播电台、电视台播放他人未发表的作品，应当取得著作权人许可，并支付报酬。

2. 广播电台、电视台播放他人已发表的作品，可以不经著作权人许可，但应当支付报酬。

3. 广播电台、电视台播放已经出版的录音制品，可以不经著作权人许可，但应当支付报酬。当事人另有约定的除外。具体办法由国务院规定。

4. 电视台播放他人的电影作品和以类似摄制电影的方法创作的作品、录像制品，应当取得制片者或者录像制作者许可，并支付报酬；播放他人的录像制品，还应当取得著作权人许可，并支付报酬。

同样，对此种情形下的外国电台，中国也给予保护：外国的广播电台、电视台根据中国参加的国际条约对其播放的广播、电视节目享有的权利，受著作权法保护。

【风险提示】

广播组织权的主体是广播电台、电视台，个人并非该权利的主体。对于外国电台的节目信号，中国也根据国际条约对其进行保护。对于不同的权利客体，广播组织主体要区分是否要获得许可，或是支付报酬，或是既要获得许可又要支付报酬。

【相关案例】

佛山人民广播电台与贾某某著作权权属纠纷案

2009年5月14日，贾某某（著作权所有者，甲方）与广西师范大学出版社（乙方）签订《出版合同》，合同约定著作名称为《说春秋》，共5册，署名形式为贾某某著。甲方将上述图书的专有出版权授予乙方，乙方按版税方式向甲方支付著作权使用费。2009年7月5日，贾某某（甲方）与广西师范大学出版社（乙方）签订《补充协议》，约定双方一致同意，丛书《说春秋》由原计划的5册改为7册。后广西师范大学出版社出版发行该图书。

2012年7月15日，佛山珠江传媒公司（甲方）与科学文化音像出版社（乙方）签订《出版协议书》，该协议约定，作品名称为《谢某某听世界——春秋》，甲方授予乙方在中国大陆地区以DVD形式出版本作品的专有使用权，期限为1年。且甲方出具授权文件证明该作品由其享有版权，其授权科学文化音像出版社出版发行DVD。另，佛山珠江传媒公司出具声明称佛山人民广播电台（以下简称佛山电台）系其下属单位。佛山电台自认其是上述出版协议的实际履约方。

科学文化音像出版社出版发行光盘《听世界春秋》，光盘外包装标注佛山电台出品，演播谢某某，外包装上关于该光盘的简介亦未载明原作者。

一审、二审法院均认为佛山电台和科学文化音像出版社的行为构成侵权。法院认为：广播电台广播他人已发表的作品时须指明作者姓名和作品名称，且使用时不应对他人的作品加以改动，或是仅能容许以播讲为需要的适当改动，而本案中佛山电台在使用图书的过程中未给贾某某署名，且对图书的改动使用明显已超过适度的范围。在《听世界春秋》两年多的播出时间里，一直未在节目中提及贾某某，仅有最后一期节目曾表明过贾某某的原作作者身份，故佛山电台的行为构成对贾某某著作权的侵犯。谢某某系佛山电台的员工，其演播《听世界春秋》节目系为完成佛山电台交办工作的职务行为，且双方约定因履行职务所产生作品的著作权归佛山电台所有，故因其演播行为所引起的侵权责任应由佛山电台承担。科学文化音像出版社出版发行光盘的行为亦构成侵权。

【法条指引】

中华人民共和国著作权法（节录）

第四十三条 广播电台、电视台播放他人未发表的作品，应当取得著作权人许可，并支付报酬。

广播电台、电视台播放他人已发表的作品，可以不经著作权人许可，但应当支付报酬。

第四十四条 广播电台、电视台播放已经出版的录音制品，可以不经著作权人许可，但应当支付报酬。当事人另有约定的除外。具体办法由国务院规定。

第四十五条 广播电台、电视台有权禁止未经其许可的下列行为：

（一）将其播放的广播、电视转播；

（二）将其播放的广播、电视录制在音像载体上以及复制音像载体。

前款规定的权利的保护期为五十年，截止于该广播、电视首次播放后第五十年的 12 月 31 日。

第四十六条 电视台播放他人的电影作品和以类似摄制电影的方法创作的作品、录像制品，应当取得制片者或者录像制作者许可，并支付报酬；播放他人的录像制品，还应当取得著作权人许可，并支付报酬。

第七节 出版者权

【规则要点】

出版者权是出版者对其出版的内容享有的权利。出版者权利的主体为出版单位，包括出版权、版式设计权和对作品的修改权，在对作品进行修改时，对于文字性修改可以不经作者同意，而对于内容的修改必须经过作者同意。

【理解与适用】

一、出版者权的主体

出版者权是指出版者对其出版的作品享有的专有权利。出版者权的主体为出版者，换言之，出版者是因为出版传播活动而拥有出版者权的人，是出版者权的主体。在我国，出版者主要是著作权法中规定的出版社、杂志社和报社等出版单位，这些出版者一般均经过行政机关的审批而设立。

二、出版者权的内容

出版者权享有的专有权利包括专有出版权和版式设计权。

（一）专有出版权

著作权法规定，图书出版者对著作权人交付出版的作品，按照合同约定享有的专有出版权受法律保护，他人不得出版该作品，即出版者可以与著作权人通过合同约定取得该作品的专有出版权，出版者可以在权限范围内复制发行作品的复制件。并且该权利只由经授权的出版者享有，其他任何出版者不得在同一时期内进行出版发行，否则构成侵权。该法亦规定图书出版者重印、再版作品的，应当通知著作权人，并支付报酬。图书脱销后，图书出版者拒绝重印、再版的，著作权人有权终止合同。著作权法实施条例规定，著作权人寄给图书出版者的两份订单在6个月内未能得到履行，视为著作权法第32条所称图书脱销。据此可知，在出版合同的有限期内，发生了法定事由则该权利终止。

（二）版式设计权

版式，是指出版者对于印刷品的版面格式的设计，包括对于版心、排式、用字、行距、标点等版面布局的安排。不同出版者对于同一作品可能设计不同的版式，故有必要对其进行保护。著作权法规定，出版者有权许可或者禁止他人使用其出版的图书、期刊的版式设计，其保护期为10年，截止于使用该版式设计的图书、期刊首次出版后第10年的12月31日。

（三）作品修改以及其他权利

出版者对于作者的作品可以进行修改，但是要征得其许可，故法律规定，图书出版者经作者许可，可以对作品修改、删节。报社、期刊社可以对作品作文字性修改、删节。对内容的修改，应当经作者许可。

还要注意，出版改编、翻译、注释、整理、汇编已有作品的作品，不仅要经过改编、翻译、注释、整理、汇编作品的著作权人的许可，还要经过原著作权人的许可，并向二者支付报酬。但对于向期刊投稿的作者来说，在作品刊登后，除著作权人声明不得转载、摘编的外，其他报刊可以转载或者作为文摘、资料刊登，但应当按照规定向著作权人支付报酬。

【风险提示】

对于出版者权利的侵权行为，最高人民法院的司法解释特别明确了举证责任的分配问题：出版者、制作者应当对其出版、制作有合法授权承担举证责任，发行者、出租者应当对其发行或者出租的复制品有合法来源承担举证责任。出版物侵犯他人著作权的，出版者应当根据其过错、侵权程度及损害后果等承担民事赔偿责任。

出版者对其出版行为的授权、稿件来源和署名、所编辑出版物的内容等未尽到合理注意义务的，依据著作权法第48条的规定，承担赔偿责任。

出版者尽了合理注意义务，著作权人也无证据证明出版者应当知道其出版涉及侵权的，出版者承担停止侵权、返还其侵权所得利润的民事责任。

出版者所尽合理注意义务情况，由出版者承担举证责任。

【相关案例】

海南出版社有限公司与吉林美术出版社著作权侵权纠纷案

《学前三百字》《儿童学画大全》《儿童描红大全》《儿童剪纸大全》系吉林美术出版社于2001年、2005年、2006年出版的幼儿读物。4本书采用了吉林美术出版社的版式设计。海南出版社有限公司未经吉林美术出版社许可，于2010年出版了《学画大全》《描红大全》《剪纸大全》《学前三百字》，其采用的版式设计与吉林美术出版社上述相对应图书的版式设计基本相同或仅有很小的改动。2010年8月，吉林美术出版社在欧亚商都处购得海南出版社有限公司出版的4本涉案图书。

吉林省长春市中级人民法院经审理认为，吉林美术出版社对《儿童剪纸大全》《儿童学画大全》《儿童描红大全》《学前三百字》4本书的版式设计体现了独创性，享有版式设计专用权。海南出版社有限公司出版的《剪纸大全》《描红大全》《学画大全》《学前三百字》在版式设计方面与吉林美术出版社相对应书籍的版式设计除在个别版式设计元素上进行微小改动外，基本一致，构成对版式设计的使用。海南出版社有限公司未经许可，在其出版的涉案图书上使用原告的版式设计，侵犯了原告的版式设计专用权。欧亚商都销售了涉案图书，亦构成侵权。

海南出版社有限公司不服一审判决，提起上诉。吉林省高级人民法院经审理，判决驳回上诉，维持一审判决。海南出版社有限公司不服二审判决，向最高人民法院申请再审。

最高人民法院认为，海南出版社有限公司出版的《剪纸大全》《描红大全》《学画大全》《学前三百字》在版式设计方面与吉林美术出版社相对应图书的版式设计除在个别版式设计元素上进行了微小改动外，基本一致，构成对吉林美术出版社版式设计的使用。海南出版社有限公司侵犯了吉林美术出版社涉案图书的版式设计专用权，应当承担民事责任。

【法条指引】

中华人民共和国著作权法（节录）

第三十二条 著作权人应当按照合同约定期限交付作品。图书出版者应当按照合同约定的出版质量、期限出版图书。

图书出版者不按照合同约定期限出版，应当依照本法第五十四条的规定承担民事责任。

图书出版者重印、再版作品的，应当通知著作权人，并支付报酬。图书脱销后，图书出版者拒绝重印、再版的，著作权人有权终止合同。

第三十三条 著作权人向报社、期刊社投稿的，自稿件发出之日起十五日内未收到报社通知决定刊登的，或者自稿件发出之日起三十日内未收到期刊社通知决定刊登的，可以将同一作品向其他报社、期刊社投稿。双方另有约定的除外。

作品刊登后，除著作权人声明不得转载、摘编的外，其他报刊可以转载或者作为文摘、资料刊登，但应当按照规定向著作权人支付报酬。

第三十四条 图书出版者经作者许可，可以对作品修改、删节。

报社、期刊社可以对作品作文字性修改、删节。对内容的修改，应当经作者许可。

第三十五条 出版改编、翻译、注释、整理、汇编已有作品而产生的作品，应当取得改编、翻译、注释、整理、汇编作品的著作权人和原作品的著作权人许可，并支付报酬。

第三十六条 出版者有权许可或者禁止他人使用其出版的图书、期刊的版式设计。

前款规定的权利的保护期为十年，截止于使用该版式设计的图书、期刊首次出版后第十年的 12 月 31 日。

第八节 著作权的利用

【规则要点】

著作权不仅包括人身权，还包括财产权。当权利人获得著作权后，不仅可以自己行使权利，亦可以将权利许可他人使用，以获得更大的经济效益。权利人可以通过以下方式实现权利的财产价值：通过转让合同转让著作权中的财产权，但转让合同的内容必须符合法律的规定；通过许可的方式允许他人合法行使著作权，许可方式包括独占许可和普通许可；通过质押合同等形式实现著作权的财产价值。

【理解与适用】

著作权的利用通常是指著作权转让、许可或者质押等，为著作权人带来经济利益，同时方便公众利用作品。

一、著作权转让

（一）著作权转让的概念

著作权包括著作人身权和著作财产权两大类。著作人身权具有极强的人身依附性，故不能转让、继承；著作财产权则可以依据法律的规定进行转让、许可或者质押。著作权转让，是指著作权人将其财产权部分或者全部转移给他人所有的法律行为。转让法律关系中，双方主体分别为转让方与受让方，转让标的为转让的著作财产权。

著作权转让有以下几个特点：

1. 转让的客体是著作财产权；
2. 著作权转让导致著作权主体的变更；
3. 著作权转让与作品载体的所有权无关。

（二）著作权转让合同

著作权转让双方应签订书面合同。合同自双方签字之日起成立。合同效力区分不同情况：若双方约定生效时间的，自约定之日起生效；若双方没有约定的，则自成立之日起生效。自合同生效之日起，转让方失去合同约定的著作权，受让方获得该著作权，并应在约定的范围内合理使用。

根据著作权法的规定，著作权转让合同应包括以下内容：

1. 作品的名称；
2. 转让的权利种类、地域范围；
3. 转让价金；
4. 交付转让价金的日期和方式；
5. 违约责任；
6. 双方认为需要约定的其他内容。

法律并不要求对著作权转让合同进行登记公告。

二、著作权使用许可

（一）著作权使用许可的概念

著作权使用许可，是指经著作权人许可，授权他人在一定时间和地域范围内，按合同约定的使用方式对著作权进行使用，并向著作权人支付一定报酬的法律制度。根据法律的规定，使用许可分为独占使用许可和普通使用许可两大类。

独占使用许可，是指在著作权转让的有效期内，被许可人有权按照合同的约定使用作品，并且被许可人有权排除著作权人在该特定期间、地域范围内以相同的方式使用作品，同时也排除著作权人授权第三人以相同的方式在同一时间、地域内使用该作品。即独占使用许可是在合同约定的有效期内，只有被许可人有权使用该作品，其他任何人不能使用，包括著作权人本人。著作权法实施条例规定，专有使用权的内容由合同约定，合同没有约定或者约定不明的，视为被许可人有权排除包括著作权人在内的任何人以同样的方式使用作品；除合同另有约定外，被许可人许可第三人行使同一权利，必须取得著作权人的许可。

普通使用许可，是指在著作权转让的有效期内，被许可人有权按照合同的约定使用该作品，同时著作权人也可以使用作品，也可以将作品许可第三人使用。

（二）著作权使用许可合同

著作权人许可他人使用著作权，双方应订立书面合同，但是报社、期刊社刊登作品除外。若未采取书面形式的，人民法院应依据《中华人民共和国合同法》规定审查合同是否成立。

合同的内容包括：

1. 许可使用的权利种类；
2. 许可使用的权利是专有使用权或者非专有使用权；
3. 许可使用的地域范围、期间；
4. 付酬标准和办法；
5. 违约责任；
6. 双方认为需要约定的其他内容。

另外，法律还规定：许可使用合同和转让合同中著作权人未明确许可、转让的权利，未经著作权人同意，另一方当事人不得行使，即被授权人行使著作权时，只能在约定的范围内行使该权利，否则即构成侵权。

三、著作权质押

（一）著作权质押的概念

著作权质押，是指债务人或者第三人将著作权中的财产权出质，作为债务履行的担保。当债务人不履行债务时，债权人有权依法以该财产权折价或者以拍卖、变卖方式就获得的价款优先受偿。债权人为质权人，债务人或者第三人为出质人。

根据《中华人民共和国担保法》以及《著作权质权登记办法》的有关规定，著作权质押成立的要件为：

1. 出质人是著作权的合法所有人。若以共有的著作权出质，除另有约定外，应当取得全体共有人的同意。

2. 质权人与出质人应订立书面合同，并由双方共同向登记机构办理著作权质权登记。质押合同自登记之日起生效，质权自登记事项记载于《著作权质权登记簿》时发生效力。

3. 不得擅自转让或者许可他人使用著作权。出质人出质后，出质人不得转让或者许可他人使用，但经出质人与质权人协商同意的，可以转让或者许可他人使用。出质人所得的转让费、许可费应当向质权人提前清偿所担保的债权或者向与质权人约定的第三人提存。

4. 不得擅自使用质权。质权人不得擅自使用已出质的质权，如质权人未经同意而使用这些权利，则构成侵权；出质人不得转让或者许可他人使用已经出质的权利，若许可他人使用，则应将出质所得价款向质权人提前清偿债务或者提存。

5. 被担保的债务消灭后，质权人应协助出质人办理著作权质押合同注销登记。

（二）著作权质押合同

著作权质押合同必须采用书面形式，并到登记机关进行登记。著作权质押合同发生变更和注销，也应到登记机关进行登记。

著作权质押合同的内容包括：

1. 出质人和质权人的基本信息；
2. 被担保债权的种类和数额；
3. 债务人履行债务的期限；
4. 出质著作权的内容和保护期；
5. 质权担保的范围和期限；
6. 当事人约定的其他事项。

【风险提示】

当以著作权为质押标的时，不仅要求该著作权上不存在权利瑕疵和负担，同时也要满足《中华人民共和国担保法》对质押权的规定，须按照规定向有关部门进行登记。

【相关案例】

某出版社有限责任公司与杨某某出版合同纠纷案

杨某某经过多年创作完成了长篇小说《别让鱼得水》，该书的字数经双方确认为176000字。2012年12月8日，杨某某（甲方）与某出版社有限责任公司（乙方）签订了一份《图书补贴出版合同》，合同约定有效期10年，双方就《别让鱼得水》的出版还达成如下协议：第一条 甲方授权乙方在合同有效期内，在中国内地以图书形式出版上述作品中文简体文本的专有使用权……第四条 甲方应于2012年12月31日前将上述作品的电子稿交付乙方……第五条 乙方收到甲方交来的书稿后，应按照图书编辑出版有关程序进行编辑、复审和终审，并在2013年1月31日前完成编审工作……第六条 书稿排出清样后，由甲方负责一、二、三校，保证文本文字正确、通顺，乙方负责三审三校。书稿终校完成后，由乙方按照国家的有关规定标明书号、确定图书价格，签字付印，并办理相应手续……第七条 乙方负责上述作品的印刷。书稿印刷质量必须达到国家有关标准的要求……第八条 为弥补乙方在出版上述图书时出现的亏损，甲方向乙方提供补贴款贰万伍仟元（25000元）整，在本书发稿前一次付清。户名：某出版社有限责任公司（以下简称某出版社），账号：15×××02……

第九条　图书出版后，乙方赠送甲方1000本样书。第十条　上述图书出版后，如须重印，乙方应及时通知甲方，并支付甲方一定的稿酬……第十三条　在合同的有效期内，乙方对上述作品的数字出版（包括但不限于信息网络传播权）行使专有使用权及其转授权；对上述作品的影视改编行使专有使用权及其转授权，并将所得报酬的50%交付甲方。乙方永久保存上述作品的电子文档。合同还就其他事项作了约定。合同签订后，杨某某于2012年12月20日通过中国工商银行个人账号将约定的补贴款25000元转入了合同指定的某出版社账户，转款附言为《别让鱼得水》出版补贴款。2013年5月，《别让鱼得水》作品由某出版社出版发行，定价18元。双方均认可该书第一次印刷的印量为3000册。该书出版后，某出版社依约向杨某某提供了1000本样书。事后，杨某某向法院提出诉讼请求：要求某出版社支付杨某某纸质书稿酬52800元。

一审法院认为，双方签订的《图书补贴出版合同》是双方当事人真实意思的表示，其内容不违背法律的规定，应为有效，对双方当事人均有约束力。一审法院判定某出版社无须支付纸质书稿酬。

【法条指引】

中华人民共和国著作权法（节录）

第二十六条　以著作权出质的，由出质人和质权人向国务院著作权行政管理部门办理出质登记。

第二十七条　许可使用合同和转让合同中著作权人未明确许可、转让的权利，未经著作权人同意，另一方当事人不得行使。

第二十八条　使用作品的付酬标准可以由当事人约定，也可以按照国务院著作权行政管理部门会同有关部门制定的付酬标准支付报酬。当事人约定不明确的，按照国务院著作权行政管理部门会同有关部门制定的付酬标准支付报酬。

第二十九条　出版者、表演者、录音录像制作者、广播电台、电视台等依照本法有关规定使用他人作品的，不得侵犯作者的署名权、修改权、保护作品完整权和获得报酬的权利。

第九节　著作权的限制

【规则要点】

我国越来越重视对于知识产权的保护，因此在立法层面上首先保证“有法可依”。对于知识产权的保护越来越严格，对于侵权行为打击力度增加，但是要有一定的限度，否则很可能会阻碍文学、科技的发展与进步。因此，著作权人在享受著作权时，也要受到一定的限制，著作权法规定了两种类型的著作权限制：合理使用和法定许可。合理使用是指在一定范围内使用他人已经发表的作品，不用向作者支付费用，也不用得到其许可；法定许可是指可以不经许可使用他人作品，但需要向权利人支付一定的费用。

【理解与适用】

著作权法规定了4项人身权利和13项财产权利，统称为著作权人享有的“专有权利”，如果未经权利人许可也缺乏法律的特殊规定时，他人擅自使用便会构成对他人权利的侵犯，但是还有一些我们应该注意的情况。例如，对某一作品进行评论，往往需要使用作品本身，当电视台对某一表演活动进行报道时，肯定会将表演活动通过无线电波传送出去，此种情况下，若没有对这些权利一定程度的限制，该行为在未得到著作权人许可的情况下，都会构成侵权。

法律对于著作权人作品的保护并不是希望作者对其作品进行垄断，而是给予作者一定的垄断权，并保障其合理收入。《伯尔尼公约》规定，成员国法律有权允许在某些特殊情况下（不经作者许可）复制作品，只要这种复制不致损害作品的正常使用，也不致无故侵害作者的合法权益。TRIPs和《世界知识产权组织版权条约》也规定成员国可以对各种“专有权”进行限制。

著作权法对于专有权限制的立法模式接近于大陆法系国家的规定，我国对专有权利的限制分为两种：合理使用和法定许可。

一、合理使用

合理使用，是指在法定条件下，法律允许他人适当使用受到著作权保护的作品，无须取得权利人的许可，也无须向其支付报酬。著作权法规定了 12 种情形下使用他人作品，可以不经著作权人许可，不向其支付报酬，但应当指明作者姓名、作品名称，并且不得侵犯著作权人依照该法享有的其他权利。著作权法实施条例则进一步规定，依照著作权法有关规定，使用可以不经著作权人许可的已经发表的作品的，不得影响该作品的正常使用，也不得不合理地损害著作权人的合法利益。

在引用合理使用原则时，一定要注意合理使用的前提：必须是他人已经发表的作品，同时必须指明作者和作品名称，并不能影响作品的正常使用。接下来我们逐一分析 12 种合理使用的情形：

（一）为个人学习、研究或者欣赏，使用他人已经发表的作品

此种情形下仅限于为个人目的，若还有其他商业等目的，则为非合理使用，应依法经权利人许可并向其支付报酬。同时，也要注意作品的来源，一定是他人已经发表的作品，而不能不问作品的来源。对于此种使用是否受到数量上的限制，我国没有明确的规定。基于个人使用的目的而使用他人作品的主要方式是复制，但不限于复制，改编、朗诵作品都属于合理使用的范围。

（二）为介绍、评论某一作品或者说明某一问题，在作品中适当引用他人已经发表的作品

此处他人已经发表的作品包括在通过信息网络提供的作品中适当引用他人已经发表的作品。此种合理使用要满足以下几个条件：

1. 被引用的作品必须是他人已经发表的作品；

2. 引用的目的在于介绍、评论某一作品或者说明某一问题；

3. 不得损害著作权人的利益；

4. 所引用的部分不能构成引用人作品的主要部分。

著作权法将“为介绍、评论某一作品”和“为说明某一问题”并列，意味着法律区分了两种情况：一是与该作品本身相关的使用；二是与作品不相关，只是为了说明其他问题。同时我们还需要注意“适当”的含义，《伯尔尼公约》规定，对于已合法公之于众的作品，允许进行引用，只要

这种引用符合公平惯例，且不超出达到目的的正当需要范围。故引用者在自己创作的过程中对于作品的引用不能超过一定的限度，即不能将他人作品构成自己内容的实质部分，否则就不是合理使用。

（三）为报道时事新闻，在报纸、期刊、广播电台、电视台等媒体中不可避免地再现或者引用已经发表的作品

此种情况下的使用必须符合为报道时事新闻的目的，不能为制作电视节目而使用，更不能在节目中无休止使用，这主要是基于民众知情权和合理保护作者权利的考虑。对于“不可避免”的界定，我们无法给出一个具体的标准来参考，只能在个案中根据不同的情况进行分析。例如，电视台要播出某演唱会的新闻，截取歌手现场演唱 3 秒钟的视频作为其报道的内容，该情形下就不构成对著作权的侵犯，而是在合理范围的使用。

（四）报纸、期刊、广播电台、电视台等媒体刊登或者播放其他报纸、期刊、广播电台、电视台等媒体已经发表的关于政治、经济、宗教问题的时事性文章，但作者声明不许刊登、播放的除外

了解国家的政治、经济、宗教问题是每个公民应有的权利，也是我们参与国家生活的前提，因此，法律允许作者在没有作出保留的前提下，报刊等媒体可以刊登已经发表的该类文章，但是必须标明其出处。

（五）报纸、期刊、广播电台、电视台等媒体刊登或者播放在公众集会上发表的讲话，但作者声明不许刊登、播放的除外

此种公共集会是指群众性的政治集会等，在该种会议上的讲话具有宣传的性质，让公众了解到现在的公共政策信息，但是如果将他人在集会上的公开讲话进行成册出版或者发行，则超出了合理使用范围。

（六）为学校课堂教学或者科学研究，翻译或者少量复制已经发表的作品，供教学或者科研人员使用，但不得出版发行

此种合理使用是为了学校课堂或者科学研究而设，故不能带有营利性质。在教学和科研领域，这种情形非常常见，但是复制、翻译也要在一定的限度内，若超过了必要的限度，达到了市场替代的效果，使得大家不再购买正品而使用该复制翻译制品，损害了原作者的合法权益，则不是此种意义上的合理使用，而且在使用过程中也不得将其翻译内容进行出版发行。

《信息网络传播权保护条例》则限定为：“为学校课堂教学或者科学研

究，向少数教学、科研人员提供少量已经发表的作品。”综合著作权法我们可以看到，合理使用的主体仅限于教学科研人员，限制的权利也仅为复制权、翻译权和信息网络传播权。

（七）国家机关为执行公务在合理范围内使用已经发表的作品

此为国家机关公务性的合理使用。此处的国家机关包括立法机关、司法机关和行政机关等，使用时应注意以下几个问题：

1. 被使用的作品必须为已经发表的作品；

2. 国家机关执行公务的对象必须是某一具体特定的作品，而不能是不特定的作品；

3. 使用需要在合理的限度内。

（八）图书馆、档案馆、纪念馆、博物馆、美术馆等为陈列或者保存版本的需要，复制本馆收藏的作品

图书馆等收藏的作品的物质载体经过长时间的使用后会自然磨损，但该作品仍须向公众提供，以丰富公众的社会文化活动、便于公众学习知识，故在此种情况下，对其进行复制不会损害著作权人的经济利益，但如果不是为了保存目的而是出于其他商业营利目的，则不是合理使用。

该处的复制也应满足一定的条件：

1. 为了保存版本或者陈列的需要；

2. 作品的范围仅限定于本馆已经收藏的作品，不能超过此范围。

此处的作品既包括已经发表的作品，又包括尚未发表的作品，但作者明确声明不发表和不允许复制的除外。图书馆等具有保存资料和提供信息的功能，我们此处所说的合理使用是指保存资料的功能。对于信息提供功能，《信息网络传播权保护条例》规定了提供网络数字化作品的场所、对象和方式：“图书馆、档案馆、纪念馆、博物馆、美术馆等可以不经著作权人许可，通过信息网络向本馆馆舍内服务对象提供本馆收藏的合法出版的数字作品和依法为陈列或者保存版本的需要以数字化形式复制的作品，不向其支付报酬，但不得直接或者间接获得经济利益。当事人另有约定的除外。”同时对此类作品进行了限定：“……为陈列或者保存版本需要以数字化形式复制的作品，应当是已经损毁或者濒临损毁、丢失或者失窃，或者其存储格式已经过时，并且在市场上无法购买或者只能以明显高于标定的价格购买的作品。”还要求图书馆采取技术措施，防止服务对象以外的

其他人获得该作品，并防止服务对象的复制行为对著作权人的利益造成实质性损害。

(九) 免费表演已经发表的作品，该表演未向公众收取费用，也未向表演者支付报酬

著作权法对于表演权规定了现场表演和机械表演两种形式，此处的表演仅指现场表演。免费是指表演者不得收取任何报酬的同时观众也不得向表演者支付报酬。此处的报酬包括任何形式的以任何名义支出或者收取的直接或间接的费用或者报酬。

(十) 对设置或者陈列在室外公共场所的艺术作品进行临摹、绘画、摄影、录像

此类作品仅限于在室外公共场所的作品，而不包括在室内场所或室外私人场所陈列的作品，而且对作品的使用方式也限定于临摹、绘画、摄影、录像，不得以其他方式对其进行复制。《最高人民法院关于审理著作权民事纠纷案件适用法律若干问题的解释》对室外公共场所的艺术作品进行了解释："……室外公共场所的艺术作品，是指设置或者陈列在室外社会公众活动处所的雕塑、绘画、书法等艺术作品……"

(十一) 将中国公民、法人或者其他组织已经发表的以汉语言文字创作的作品翻译成少数民族语言文字作品在国内出版发行

中国是一个多民族的国家，汉族人口占据绝对优势，故作品的语言以汉字为主，同时汉族与其他少数民族在政治、经济、文化上发展不平衡，为保障少数民族接受教育、获得更多的信息，故法律允许将汉族作品翻译成少数民族语言，并在其生活领域流通，丰富其文化生活。

合理使用的特征为：

1. 使用对象只能是中国作者已经发表的汉族文字作品。

2. 作品仅限于文字作品，其他电影、电视等作品则不适用。

3. 翻译成的少数民族作品只能在国内出版发行。

(十二) 将已经发表的作品改成盲文出版

《信息网络传播权保护条例》允许通过网络以盲人能够感知的独特方式向盲人提供已经发表的文字作品，但不得以营利为目的。此种合理使用是对于作为弱势群体的盲人提供的福利，使得盲人能够像正常人一样阅读作品。

需要注意的是，上述合理使用适用于对出版者、表演者、录音录像制作者、广播电台、电视台的权利的限制。

二、法定许可

法定许可，是指依照法律的明确规定，在使用某一作品时可以不经过著作权人的许可，但要向其支付一定的费用。著作权法和《信息网络传播权保护条例》规定了以下几种法定许可：

1. 为实施九年制义务教育和国家教育规划而编写出版教科书，除作者事先声明不许使用的外，可以不经著作权人许可，在教科书中汇编已经发表的作品片段或者短小的文字作品、音乐作品或者单幅的美术作品、摄影作品，但应当按照规定支付报酬，指明作者姓名、作品名称，并且不得侵犯著作权人依法享有的其他权利。上述规定适用于对出版者、表演者、录音录像制作者、广播电台、电视台的权利的限制。

需要注意以下几个方面：

（1）该法定许可适用范围比较广泛，不仅限于文字作品、音乐作品、美术作品和摄影作品的著作权人的汇编权、复制权和发行权，还限于出版者、广播电台、电视台、录音录像制作者的复制权和发行权，但是使用者必须尊重作者的署名权、注明出处并支付相应的报酬。

（2）只有为实施九年制义务教育和国家教育规划而编写的教科书才能适用此处规定的法定许可。

（3）编写者只能使用作品的片段、缩小的文字作品、音乐作品等。

《教科书法定许可使用作品支付报酬办法》规定："……作品片断或者短小的文字作品，是指九年制义务教育教科书中使用的单篇不超过2000字的文字作品，或者国家教育规划（不含九年制义务教育）教科书中使用的单篇不超过3000字的文字作品。短小的音乐作品，是指九年制义务教育和国家教育规划教科书中使用的单篇不超过5页面或时长不超过5分钟的单声部音乐作品，或者乘以相应倍数的多声部音乐作品。"

2. 作品刊登后，除著作权人声明不得转载、摘编的外，其他报刊可以转载或者作为文摘、资料刊登，但应当按照规定向著作权人支付报酬。

转载是指原封不动或者略有改动之后刊登已经由其他报刊发表的作品，摘编是指对原文的主要内容进行摘录、缩写。同时需要注意的是：

（1）该法定许可仅限于报刊之间的相互转载，不适用书籍之间以及书籍与报刊之间的转载；

（2）进行转载摘编的报刊不能侵犯著作权人的其他合法权益，不得损害作品的完整性；

（3）法定许可只是免除了使用者寻求著作权人许可的义务，其依然要向著作权人支付报酬。

3. 录音制作者使用他人已经合法录制为录音制品的音乐作品制作录音制品，可以不经著作权人许可，但应当按照规定支付报酬；著作权人声明不许使用的不得使用。

该法定许可只适用于被合法录制为录音制品的音乐作品，如果尚未被合法录制为录音制品，只是在网络上传播，或者如果音乐作品作为配乐为电影作品使用，都不能适用该情形下的法定许可。同时，该法定许可只允许复制录音作品，而不允许发行录音制品。

4. 广播电台、电视台播放已经出版的录音制品，可以不经著作权人许可，但应当支付报酬。

此种法定许可不适用于电视台播放电影作品，也不适用于播放已经录制于录音制品中的作品以及电视台播放录制于录像制品中的作品。

5. 为通过信息网络实施九年制义务教育或者国家教育规划，可以不经著作权人许可，使用其已经发表作品的片断或者短小的文字作品、音乐作品或者单幅的美术作品、摄影作品制作课件，由制作课件或者依法取得课件的远程教育机构通过信息网络向注册学生提供，但应当向著作权人支付报酬。

该条法定许可也是为了促进九年义务教育的实施，实际上是将编写教科书的法规的许可延伸到了网络环境。

三、强制许可

强制许可，是指在某些特定条件下，某人基于正当理由需要使用某一作品时，著作权主管机关根据此人的申请，将对已经发表的作品进行使用的权利授予申请人的制度。强制许可的功能在于对著作权人的专有权利进行一定的限制，使公众可以在一定的范围内利用该作品，防止权利人滥用权利。法律目前对于该许可没有规定，但是由于中国已经加入《伯尔尼公约》与《世界版权公约》，故公约中对于强制许可的规定依然可以适用。

【风险提示】

判定是否为合理使用，一定要将行为人的目的和行为综合起来进行判断。法定许可的范围相对来说较小。合理使用与法定许可的对象都应是已经发表的作品。

【相关案例】

蒋某某与周某某、江苏某出版社、北京凤凰联动文化传媒有限公司侵害著作权纠纷案

蒋某某系网址为 http：//www. yub0u. tw 的“白木怡言博客”中文字的作者。涉案书籍《悬崖边的贵族蒋某某：蒋家王朝的另一种表达》的著者为周某某，江苏某出版社出版，定价 28 元。该书封面及书脊下端显示“凤凰出版传媒集团凤凰联动江苏某人民出版社”字样。涉案书籍亦通过亚马逊网等网络进行销售。网易等多家网站、《北京晚报》等多家报刊对涉案书籍进行了介绍、摘录或连载。2010 年，蒋某某委托律师多次致函周某某和江苏某出版社，要求其停止侵权、赔礼道歉，同时致函《北京晚报》、人民网等媒体，要求其停止对涉案书籍的介绍、评论、连载等行为。另查，涉案书籍累计印制数量为 7 万册。

原审法院认为：蒋某某在博客上发表的文字，表达了其个人的思想、情感，具有独创性，属于著作权法意义上的文字作品。其享有的著作权应受法律保护。周某某撰写的涉案书籍侵犯了蒋某某享有的著作权；江苏某出版社的行为也侵犯了蒋某某的著作权，依法应承担共同侵权责任。

宣判后，周某某、江苏某出版社不服，向二审法院提起上诉。二审法院认定：周某某为撰写涉案书籍而使用蒋某某博文一事没有得到蒋某某许可。首先，作为纪实作品的传记，参考第一手资料是合理的，但参考并不意味着抄袭。作者在参考第一手资料后，完全可以以自己的方式表达出来，从而完成其作品，而并非一定要原文摘抄。其次，著作权法第 22 条第 1 款第 2 项规定，“为介绍、评论某一作品或者说明某一问题，在作品中适当引用他人已经发表的作品”，这属于合理使用的一种方式。但行为符合该条的规定应具备一定的条件，如应指明作者姓名、作品名称，且使用文

字的数量应在一定限度内。本案中，周某某使用蒋某某的博文时既没有为蒋某某署名，也没有指明出处，且使用数量近2万字，该行为已超出了合理使用的范围。因此，二审法院驳回上诉，维持原判。

【法条指引】

中华人民共和国著作权法（节录）

第二十二条 在下列情况下使用作品，可以不经著作权人许可，不向其支付报酬，但应当指明作者姓名、作品名称，并且不得侵犯著作权人依照本法享有的其他权利：

（一）为个人学习、研究或者欣赏，使用他人已经发表的作品；

（二）为介绍、评论某一作品或者说明某一问题，在作品中适当引用他人已经发表的作品；

（三）为报道时事新闻，在报纸、期刊、广播电台、电视台等媒体中不可避免地再现或者引用已经发表的作品；

（四）报纸、期刊、广播电台、电视台等媒体刊登或者播放其他报纸、期刊、广播电台、电视台等媒体已经发表的关于政治、经济、宗教问题的时事性文章，但作者声明不许刊登、播放的除外；

（五）报纸、期刊、广播电台、电视台等媒体刊登或者播放在公众集会上发表的讲话，但作者声明不许刊登、播放的除外；

（六）为学校课堂教学或者科学研究，翻译或者少量复制已经发表的作品，供教学或者科研人员使用，但不得出版发行；

（七）国家机关为执行公务在合理范围内使用已经发表的作品；

（八）图书馆、档案馆、纪念馆、博物馆、美术馆等为陈列或者保存版本的需要，复制本馆收藏的作品；

（九）免费表演已经发表的作品，该表演未向公众收取费用，也未向表演者支付报酬；

（十）对设置或者陈列在室外公共场所的艺术作品进行临摹、绘画、摄影、录像；

（十一）将中国公民、法人或者其他组织已经发表的以汉语言文字创作的作品翻译成少数民族语言文字作品在国内出版发行；

（十二）将已经发表的作品改成盲文出版。

前款规定适用于对出版者、表演者、录音录像制作者、广播电台、电视台的权利的限制。

第二十三条 为实施九年制义务教育和国家教育规划而编写出版教科书，除作者事先声明不许使用的外，可以不经著作权人许可，在教科书中汇编已经发表的作品片段或者短小的文字作品、音乐作品或者单幅的美术作品、摄影作品，但应当按照规定支付报酬，指明作者姓名、作品名称，并且不得侵犯著作权人依照本法享有的其他权利。

前款规定适用于对出版者、表演者、录音录像制作者、广播电台、电视台的权利的限制。

第十节 著作权的保护

【规则要点】

著作权作为知识产权重要的组成部分，法律对其有充分保护机制。法律通过规定侵权行为及其相应的处罚措施对著作权进行保护，依法对侵犯知识产权的犯罪行为进行打击。

【理解与适用】

著作权的保护，是指依据法律的规定对侵犯著作权的行为进行惩罚，以保护著作权人的合法权益。著作权法和刑法对侵权行为以及相应的处罚进行了规定，我们需要注意的是这几种侵权行为都是在排除了合理使用、法定许可和强制许可的情况下认定的，若符合该三种情况，不构成侵权行为。

一、著作权的侵权行为

著作权法规定了侵犯狭义著作权和邻接权的行为：

（一）擅自发表他人的作品

擅自发表他人的作品，是指未经作者同意，擅自将其未发表的作品公之于众的行为。包括两种情形：一是未经作者本人的许可将其未发表的作品公之于众。二是合作作者未经另一方的同意，擅自将合作作品作为自己创作的作品单独发表的，具体包括两种情形：（1）合作创作完成后，擅自将合作作品以自己的名义进行发表；（2）合作创作完成后，在不改变合作作品主旨、大意的情况下，将作品进行修改，调整语序或者将此种说法变成彼种说法，但是其含义不变。上述行为都侵犯了作者的发表权。

（二）擅自在他人作品上署名

擅自在他人作品上署名，是指自己没有参加创作，但为谋取个人名利而在他人作品上署名的。如前所述，该行为侵犯了作者的署名权，若同时冒充作者的身份从而获得著作权，构成了对著作权财产权的侵犯。但是，如果该行为是作者邀请一些名人在其作品上署名，则该行为不构成侵权。

（三）歪曲、篡改他人作品

此种行为就是侵犯作者保护作品完整权的行为，即未经作者的同意，擅自对作品进行歪曲、篡改致使作者的名誉或荣誉受损。歪曲，是指故意违背作者的本意采用诋毁的方式将其内容进行展示；篡改，是指采用随意修改的方式对作品内容进行删减，使作品品质降低的行为。

歪曲、篡改他人作品包括三种具体情形：

1. 将作品用于损害作者尊严的场合或者以有损作者尊严的方式使用作者的作品；

2. 在改编、翻译、编辑或者将他人作品摄制成电影、电视作品时，改变、歪曲作者的原意，使作者的名誉受损；

3. 出版者在对稿件进行修改时，不依原作者的意思，而是对其内容进行歪曲。

（四）擅自使用他人作品

擅自使用他人作品，是指未经权利人的许可或者同意，又无明确法律依据的情况下使用他人作品的行为。此种行为一般会构成对他人著作财产权的侵犯。

法律明确规定了几种情况为擅自使用他人作品：

1. 未经著作权人许可，以展览、摄制电影和以类似摄制电影的方法或者以改编、翻译、注释等方式使用作品；

2. 未经电影作品和以类似摄制电影的方法创作的作品、计算机软件、录音录像制品的著作权人或者与著作权有关的权利人许可，出租其作品或者录音录像制品；

3. 未经著作权人许可，复制、发行、表演、放映、广播、汇编、通过信息网络向公众传播其作品。

（五）剽窃他人作品

剽窃他人作品，是指行为人故意将他人的作品当作自己的作品进行发表的行为。

剽窃他人作品包括两种情形：

1. 完全将他人的作品复制过来进行发表的行为；

2. 在一定程度上对他人的作品进行抄袭，该范围已经明显超过了合理使用和引用的范围。但是，对于那些历史素材、地理知识等反映真实或者客观情况的材料的使用，不构成剽窃。

在认定剽窃时，需要与以下几个概念进行区分：

1. 剽窃与模仿

模仿是一种创作方法，在尚未产生作品之前，人们一般是通过对于大家作品的模仿来锻炼自己的创作，通过不断的模仿，形成自己的风格，从而创作出个性化的作品；剽窃则是单纯的“拿来主义”，不存在行为人的智力创作。

2. 剽窃与合理使用

合理使用是合法的行为，在一定的限度内的使用为合理使用，但是一旦超过了这个度则构成侵权，但构成剽窃的要求是比较高的。

3. 剽窃与利用他人的思想观点

著作权法仅保护具有独创性的表达，对于其中蕴含的作者的思想感情并不保护。故只有在表达上构成剽窃才是我们所说的剽窃行为，利用他人的思想情感并不会构成侵权行为。

（六）应付而不支付报酬

法律赋予作者著作权，不仅是为了保障作者可以享有因其智力劳动而获得相应的报酬，也是为了鼓励创作、提高中国的文化水平。故法律明确规定行为人使用他人作品时要向著作权人支付一定的费用的情况，行为人一定要支付，否则构成侵权。在我国，除了合理使用无须支付报酬外，其他行为均需要支付相应的报酬，作为其使用作者作品的对价。例如，使用许可人、强制许可人等。

（七）侵犯他人邻接权

未经出版者许可，使用其出版的图书、期刊的版式设计或者出版他人享有专有出版权的图书；未经表演者许可，从现场直播或者公开传送其现场表演，或者录制其表演，或者复制、发行录有其表演的录音录像制品，或者通过信息网络向公众传播其表演；未经录音录像制作者许可，复制、发行、通过信息网络向公众传播其制作的录音录像制品；未经许可，播放或者复制广播、电视的行为。

（八）制作、出售假冒他人署名的作品

此种行为包括两大类行为：一是制作假冒他人署名的作品的行为；二是出售假冒他人署名作品。第一大类包括三种具体的情形：以临摹、誊印等方法复制知名作者的作品，然后署上原作者的姓名用于销售的行为；将创作作品的第三人的姓名替换成某知名作者的姓名，假冒知名作者的作品出售的行为；在自己创作的作品上属某知名作者的姓名进行出售的行为。即无论以何种方式假冒他人的署名，只要未经当事人同意，并且是以营利为目的，即构成侵权，不仅侵犯了他人的署名权，也是对他人著作财产权的侵犯，同时也侵犯了他人的姓名权。

（九）侵犯他人著作权保护措施

20 世纪 70 年代，计算机软件的开发者为了保护其合法权益，一般会采取加密措施以防止他人复制其计算机程序。法律明确规定，未经著作权人或者与著作权有关的权利人许可，故意避开或者破坏权利人为其作品、录音录像制品等采取的保护著作权或者与著作权有关的权利的技术措施的，应当根据情况，承担停止侵害、消除影响、赔礼道歉、赔偿损失等民事责任；同时损害公共利益的，可以由著作权行政管理部门责令停止侵权行为，没收违法所得，没收、销毁侵权复制品，并可处以罚款；情节严重的，著作权行政管理部门还可以没收主要用于制作侵权复制品的材料、工具、设备等；构成犯罪的，依法追究刑事责任，但法律、行政法规另有规定的除外。

同时还需要注意的问题是，在现在的信息时代，作者的姓名很容易被删改、替换，为了保护作者的信息在网络上的真实性和准确性，著作权法也对该内容进行了保护。

二、著作权侵权的责任

著作权侵权的责任，是指侵权人因其侵权行为违反著作权法的规定，对于权利人所受的损失承担相应的法律后果。依据法律规定，侵权人因其侵权行为承担的法律责任主要有：民事责任、行政责任和刑事责任。

（一）民事责任

著作权法规定了侵权人承担的民事法律责任为：停止侵害、消除影响、赔礼道歉、赔偿损失。

停止侵害是指法院责令侵权人停止正在进行的侵权行为，无论侵权人主观上是否有过错，只要行为人客观上有侵权行为，都应该立即停止侵害行为；消除影响是指法院责令侵权人在一定的范围澄清其侵权行为，以消除对著作权人产生的不良影响；赔礼道歉是指在一定范围内向被侵权人公开承认错误；赔偿损失是指侵权人因其侵权行为向权利人在经济上的补偿。

（二）行政责任

行政责任，是指国家行政管理机关依据法律的规定，对侵权行为人给予的行政处罚。

下列侵权行为只有同时损害公共利益，才能适用行政责任：

1. 未经著作权人许可，复制、发行、表演、放映、广播、汇编、通过信息网络向公众传播其作品的，著作权法另有规定的除外；

2. 出版他人享有专有出版权的图书的；

3. 未经表演者许可，复制、发行录有其表演的录音录像制品，或者通过信息网络向公众传播其表演的，著作权法另有规定的除外；

4. 未经录音录像制作者许可，复制、发行、通过信息网络向公众传播其制作的录音录像制品的，著作权法另有规定的除外；

5. 未经许可，播放或者复制广播、电视的，著作权法另有规定的除外；

6. 未经著作权人或者与著作权有关的权利人许可，故意避开或者破坏权利人为其作品、录音录像制品等采取的保护著作权或者与著作权有关的权利的技术措施的，法律、行政法规另有规定的除外；

7. 未经著作权人或者与著作权有关的权利人许可，故意删除或者改变作品、录音录像制品等的权利管理电子信息的，法律、行政法规另有规定的除外；

8. 制作、出售假冒他人署名的作品的。

《计算机软件保护条例》也规定几种侵权行为同时损害社会公共利益的行为才能适用行政责任：

1. 复制或者部分复制著作权人的软件的；

2. 向公众发行、出租、通过信息网络传播著作权人的软件的；

3. 故意避开或者破坏著作权人为保护其软件著作权而采取的技术措施的；

4. 故意删除或者改变软件权利管理电子信息的；

5. 转让或者许可他人行使著作权人的软件著作权的。

对于上述侵权行为，根据《著作权行政处罚实施办法》的规定，行政机关可以采取给予以下行政处罚：

1. 警告；

2. 罚款；

3. 没收违法所得；

4. 没收侵权制品；

5. 没收安装存储侵权制品的设备；

6. 没收主要用于制作侵权制品的材料、工具、设备等；

7. 法律、法规、规章规定的其他行政处罚。

我们应注意的是，该权利只能由行政管理部门来行使，同时还要注意不同情形适用行政责任的前提条件。

（三）刑事责任

刑事责任，是指行为人因其侵权行为触犯刑法，依照刑法的规定而承受相应的刑罚。

根据刑法规定，以营利为目的，有下列侵犯著作权情形之一，违法所得数额较大或者有其他严重情节的，处 3 年以下有期徒刑或者拘役，并处或者单处罚金；违法所得数额巨大或者有其他特别严重情节的，处 3 年以上 7 年以下有期徒刑，并处罚金：

1. 未经著作权人许可，复制发行其文字作品、音乐、电影、电视、录像作品、计算机软件及其他作品；

2. 出版他人享有专有出版权的图书的；

3. 未经录音录像制作者许可，复制发行其制作的录音录像的；

4. 制作、出售假冒他人署名的美术作品的。

一定要注意构成侵犯著作权罪的前提是以营利为目的。

三、著作权纠纷的解决

著作权法明确了著作权纠纷的解决方式：著作权纠纷可以调解，也可以根据当事人达成的书面仲裁协议或者著作权合同中的仲裁条款，向仲裁机构申请仲裁。当事人也可以依法向人民法院起诉。

（一）调解

调解，是指著作权纠纷双方就争议的实体权利、义务，在调解组织的主持下，自愿进行协商，促成各方达成协议、解决纠纷。

根据法律的有关规定，调解著作权纠纷的机构为著作权行政管理部门和其他组织。是否采取调解方式解决纠纷完全取决于双方的自愿，在调解的过程中，调解组织也不能强迫双方当事人达成协议。同时，调解不是纠纷解决的必经程序，即使达成协议后，一方反悔，当事人也可以通过其他方式解决纠纷。

（二）仲裁

仲裁，是指仲裁机构依法定程序，根据当事人之间合法有效的仲裁协议对双方之间的著作权纠纷进行裁决的一种方式。

根据相关法律的规定，仲裁机构受理著作权纠纷申请应遵循法定的程序。纠纷双方有书面仲裁协议或者合同中的仲裁条款是仲裁机构受理的前提条件，缺少仲裁协议的仲裁机构不得受理，但可以告知当事人向法院起诉。仲裁机构作出的仲裁裁决具有法律效力，对双方都有约束力，一方不履行，则另一方有权请求法院强制执行。当事人对于仲裁程序或者认为适用法律有错误的，可以向法院申请撤销仲裁。仲裁裁决是终局裁决，当事人不得再就同一事项向法院起诉。

（三）诉讼

通过诉讼程序解决双方之间的纠纷是纠纷解决的一种主要方式。对于诉讼时效问题，法律规定为：侵犯著作权的诉讼时效为两年，起算点为著作权人知道或者应当知道侵权行为之日。权利人超过两年起诉的，如果侵权行为在起诉时仍在持续，在该著作权保护期内，人民法院应当判决被告停止侵权行为；侵权损害赔偿数额应当自权利人向人民法院起诉之日起向前推算两年计算。

对于他人的侵权行为，权利人有权请求侵权人承担损失，具体损失的认定标准为：侵权人应当按照权利人的实际损失给予赔偿；实际损失难以计算的，可以按照侵权人的违法所得给予赔偿。赔偿数额还应当包括权利人为制止侵权行为所支付的合理开支。权利人的实际损失或者侵权人的违法所得不能确定的，由人民法院根据侵权行为的情节，判决给予50万元以下的赔偿。

【风险提示】

行政责任承担的前提是行为人的行为在侵犯他人著作权的同时，也侵犯了社会利益，若情节严重，还可能受到刑法的处罚。在确定赔偿损失的数额时，要按权利人实际损失、侵权人的违法所得，由法院综合判断。

【法条指引】

中华人民共和国著作权法（节录）

第四十八条 有下列侵权行为的，应当根据情况，承担停止侵害、消除影响、赔礼道歉、赔偿损失等民事责任；同时损害公共利益的，可以由著作权行政管理部门责令停止侵权行为，没收违法所得，没收、销毁侵权复制品，并可处以罚款；情节严重的，著作权行政管理部门还可以没收主要用于制作侵权复制品的材料、工具、设备等；构成犯罪的，依法追究刑事责任：

（一）未经著作权人许可，复制、发行、表演、放映、广播、汇编、通过信息网络向公众传播其作品的，本法另有规定的除外；

（二）出版他人享有专有出版权的图书的；

（三）未经表演者许可，复制、发行录有其表演的录音录像制品，或者通过信息网络向公众传播其表演的，本法另有规定的除外；

（四）未经录音录像制作者许可，复制、发行、通过信息网络向公众传播其制作的录音录像制品的，本法另有规定的除外；

（五）未经许可，播放或者复制广播、电视的，本法另有规定的除外；

（六）未经著作权人或者与著作权有关的权利人许可，故意避开或者破坏权利人为其作品、录音录像制品等采取的保护著作权或者与著作权有关的权利的技术措施的，法律、行政法规另有规定的除外；

（七）未经著作权人或者与著作权有关的权利人许可，故意删除或者改变作品、录音录像制品等的权利管理电子信息的，法律、行政法规另有规定的除外；

（八）制作、出售假冒他人署名的作品的。

第四十九条 侵犯著作权或者与著作权有关的权利的，侵权人应当按照权利人的实际损失给予赔偿；实际损失难以计算的，可以按照侵权人的违法所得给予赔偿。赔偿数额还应当包括权利人为制止侵权行为所支付的合理开支。

权利人的实际损失或者侵权人的违法所得不能确定的，由人民法院根据侵权行为的情节，判决给予五十万元以下的赔偿。

第三章

专利权

专利权，是指发明创造的发明人、设计人或者其他申请人以及上述主体的合法继受人依法享有的对某项发明创造的独占使用权。根据法律规定，发明创造包括发明、实用新型和外观设计。

第一节　专利权的主体

【规则要点】

专利权主体是对专利权享有权利承担义务的发明人，除中国公民外，外国人在一定条件下也可以成为专利权的主体。发明人有广义和狭义两种理解，我们在此书中使用广义的发明人含义。发明人可分为个人发明人、合作发明人、委托发明人等。在某些特殊情况下，发明人可以将专利权的申请资格转让给其他人，因此，发明人和申请人并不总是同一个人。

【理解与适用】

专利权的主体，是指依法享有专利权并承担义务的人。

一、发明人

（一）发明人

发明人，是指对于完成发明创造或者外观设计的实质性特点作出创造性贡献的人。如果该发明创造是发明或者实用新型，则为发明人；若该发明创造为外观设计，则为设计人。

在发明过程中，只有为发明作出实质贡献的人才能成为发明人，在下列情况下，相关人员不是发明人：

1. 仅提出设想或者建设性意见，但是并不发明创造具体内容的人；

2. 只负责组织工作的人；

3. 为物质条件的利用提供方便或者从事辅助性工作的人，如后勤人员、单位的领导以及提供文献资料的人都不构成发明人的概念。

同时，从专利申请文件来看，对权利要求书中所列的技术特征作出创造性贡献的人是发明人。发明创造是事实行为，自然人无论是否具有行为能力都可以进行发明创造，如限制民事行为能力人的发明创造若符合专利法的要求，其可以成为发明人或者设计人。

发明创造分为职务发明创造和非职务发明创造，故相应的主体被分为职务发明人和非职务发明人。

职务发明创造，是指执行本单位的任务或者主要是利用本单位的物质技术条件所完成的发明创造。一项发明创造申请专利的权利属于发明人还是其所在的单位要依据不同的情形进行认定。

根据《中华人民共和国专利法》和《中华人民共和国专利法实施细则》的规定，职务发明分为以下四种情况：

第一，在本职工作中作出的发明创造。

首先，发明人要与所在单位之间成立合法有效的劳动关系；其次，要参照工作人员的职务内容或者职务范围。在这里，研究、技术人员以及分管技术研发工作的负责人在履行职务的过程中的发明创造都是职务发明创造，当然，行政事务工作人员的发明创造不是职务发明创造。

第二，履行本单位交付的本职工作之外的任务所作出的发明创造。

单位在职人员主要职责是完成本职工作，但是在本职工作之外，有时会完成一些单位交付的本职工作以外的任务，在此过程中的发明创造也是职务发明创造，即我们不能以发明创造所属的领域与发明人所从事的专业是否相同来判断是否属于职务发明创造。

第三，退休、调离原单位后或者劳动、人事关系终止后1年内作出的，与其在原单位承担的本职工作或者原单位分配的任务有关的发明创造。

此规定有利于减少不正当竞争行为以及保护单位的无形财产，有的技术人员在即将完成重大发明创造之时，以此作为其跳槽的砝码，此时会损害原单位的利益，为了平衡双方之间的利益，法律规定离开原单位 1 年内作出的发明创造依然属于原单位。同时，也是因为完成发明创造是一个耗时、耗力的工作，时间周期比较长，故我们不能以发明创造是否在工作期间内完成来区分是否属于职务发明创造。

以上三种都是在执行本单位的任务所完成的发明创造，权利的归属情况为：申请专利的权利属于该单位；申请被批准后，该单位为专利权人，发明人不能通过与单位签订合同来获得专利的申请权或者在申请批准后获得专利权。

第四，利用本单位的物质技术条件所完成的发明创造。

发明人完成这种发明创造不是在履行本职工作，也不是在履行本单位分配的其他非本职任务，而是主要利用本单位的物质技术条件完成的，包括两种类型：职工在技术成果的研究开发过程中，全部或者大部分利用了法人或者其他组织的资金、设备、器材或者原材料等物质条件，并且这些物质条件对形成该技术成果具有实质性的影响；该技术成果实质性内容是在法人或者其他组织尚未公开的技术成果、阶段性技术成果基础上完成。其中的物质技术条件是指本单位的资金、设备、零部件、原材料或者不对外公开的技术资料等。但是如果发明人在使用本单位的技术条件时已经与单位约定交纳使用费等情况的则不属于职务发明创造。

此种情况下的发明创造的权利归属为：单位与发明人订有合同，对申请专利的权利和专利权的归属作出约定的，从其约定；若没有约定，则该发明创造的申请权属于单位。

职务发明的专利申请权虽然属于单位，但是该发明创造凝聚了发明人的智慧和劳动，故法律赋予其一定的权利：

1. 署名权

即在该发明创造的专利文件中写明自己是发明人。

2. 获得奖励权

我国法律明确规定，被授予专利权的单位应当对职务发明创造的发明人或者设计人给予奖励。关于具体的奖励数额和奖励方式，被授予专利权的单位可以与发明人约定或者在其依法制定的规章制度中规定专利奖励、报酬的方式和数额，同时，该约定也要按照国家有关财务、会计制度的规定进行处理；如果没有约定，也未在其规章中予以规定，则应当自专利权公告之日起 3 个月内发给发明人或者设计人奖金，一项发明专利的奖金最低不少于 3000 元，一项实用新型专利或者外观设计专利的奖金最低不少于 1000 元；由于发明人或者设计人的建议被其所属单位采纳而完成的发明创造，被授予专利权的单位应当从优发给奖金。

3. 获得报酬权

被授予专利权的单位未与发明人约定也未在其依法制定的规章制度中规定报酬的方式和数额的，在专利权有效期限内，实施发明创造专利后，每年应当从实施该项发明或者实用新型专利的营业利润中提取不低于 2% 或者从实施该项外观设计专利的营业利润中提取不低于 0.2%，作为报酬给予发明人，或者参照上述比例，给予发明人或者设计人一次性报酬；被授予专利权的单位许可其他单位或者个人实施其专利的，应当从收取的使用费中提取不低于 10%，作为报酬给予发明人。

非职务发明创造是指除上述职务发明创造以外的其他发明创造。非职务发明创造的申请专利的权利属于该发明人个人所享有。

（二）合作发明人

合作发明创造，是指二人以上共同为发明创造作出实质性贡献，该二人以上的主体为合作发明人。合作发明分为三种不同的情形：非职务发明、职务发明、职务发明和非职务发明的混合。

合作发明创造的权利归属以及使用情况为：合作开发完成的发明创造的申请专利的权利，当事人约定优先；若无约定，则属于合作开发的当事人共有。对于专利申请权的转让及获得专利权之后对专利权的转让、出质以及其他处分，应当经过全体合作者的同意；如果当事人一方转让其共有的专利申请权的，其他各方享有以同等条件优先受让的权利。合作开发的当事人一方声明放弃其共有的专利申请权的，可以由另一方单独申请或者由其他各方共同申请。申请人取得专利权的，放弃专利申请权的一方可以免费实施该专利。合作开发的当事人一方不同意申请专利的，另一方或者其他各方不得申请专利。同时，专利法还规定，专利申请权或者专利权的共有人对权利的行使有约定的，从其约定。没有约定的，共有人可以单独实施或者以普通许可方式许可他人实施该专利；许可他人实施该专利的，收取的使用费应当在共有人之间分配。除此种情形外，行使共有的专利申请权或者专利权应当取得全体共有人的同意。

（三）委托发明人

委托发明创造，是指一个单位或者个人接受其他单位或者个人的委托所完成的发明创造。根据合同法的有关规定，委托发明一般是指由委托方和技术开发方签订技术开发合同，委托开发完成的发明创造，除当事人另有约定的以外，申请专利的权利属于研究开发人；研究开发人取得专利权的，委托人可以免费实施该专利；研究开发人转让专利申请权的，委托人享有以同等条件优先受让的权利。

需要注意的是，国家资助单位或者个人完成科研项目实际上是在国家与单位之间形成了委托关系，在没有约定的情况下，由此完成的发明创造的专利申请权属于单位或者个人。

二、申请人

申请人，是指就某项发明创造依法享有向国家专利行政主管机关提出专利申请权利的人。专利申请权自发明创造完成之日起自动产生，不需要办理其他手续。

专利申请权的归属为：职务发明创造的专利申请权原则上属于该单位。但是利用本单位的物质技术条件完成的发明创造，如果发明人与单位之间有合同约定的，则依据合同约定判定该权利的归属。非职务发明创造的申请专利的权利属于发明人。对于合作完成的发明创造的专利申请权的归属已在合作发明创造的部分进行了介绍，此处不再赘述。

行为人还可以依据专利申请权的继受获得申请人的资格。专利申请权是一种财产权，具有一定的财产价值，故发明人或者其所在的单位可以转让该权利，也可以依据法律的规定由合法继受人继受该权利，获得这些权利的人就是受让人。受让人分为外国人或者外国企业以及本国人或者单位。

对于外国人等，专利法规定，中国单位或者个人向外国人、外国企业或者外国其他组织转让专利申请权或者专利权的，应当依照有关法律、行政法规的规定办理手续，此处的有关法律、行政法规特指《中华人民共和国对外贸易法》和《中华人民共和国技术进出口管理条例》，对于不同类型的技术出口规定了不同的手续：禁止出口的技术不得出口；限制出口的技术未经许可不得出口；自由出口的技术实行合同登记管理；外观设计和实用新型的专利申请权要根据所涉及的不同技术类型办理相关的手续。

向本国人等转让该权利，专利法规定，转让专利申请权或者专利权的，当事人应当订立书面合同，并向国务院专利行政部门登记，由国务院专利行政部门予以公告。专利申请权或者专利权的转让自登记之日起生效。需要注意的是，专利申请权和申请专利的权利是不同的：前者是指提出专利申请之后，作为申请人所享有的权利；后者是指向专利行政部门提出专利申请的权利。专利申请权属于自然人死亡的，由其合法继承人、受遗赠人或者遗赠扶养协议的扶养人取得；属于法人或者其他组织的，分立、合并或者其他重要事项变更的，由承担权利义务的主体享有。

三、专利权人

专利权人，是指享有专利权的人。专利权的内容会在下面进行详细介绍，在此，我们需要注意两个问题：申请人撤回专利申请或者其申请被驳回的，申请人不能成为专利权人；几个人同时申请专利权，依在先申请原则由最先申请的人享有专利权。

四、外国人

中国加入了《巴黎公约》，公约规定，成员国国民在其他成员国应当享有该国法律授予其国民的一切利益，享有和国民同样的工业产权。成员国不得以其他成员国国民在该成员国有住所或者营业所为其享有工业产权的条件，同时，非成员国国民只要在任一成员国内有住所或者真实有效的营业所，就能享有与该成员国国民同样的待遇，据此，法律作了如下规定：

在中国没有经常居所或者营业所的外国人、外国企业或者外国其他组织在中国申请专利的，依照其所属国同中国签订的协议或者共同参加的国际条约，或者依照互惠原则，根据专利法办理。

在中国没有经常居所或者营业所的外国人、外国企业或者外国其他组织在中国申请专利和办理其他专利事务的，应当委托依法设立的专利代理机构办理。

【风险提示】

职务发明的专利申请权属于公司法人，但是职务发明人享有一定的权利，如署名权、获得报酬权等。

在合作发明中，申请专利的权利属于合作人共同的权利。

专利申请权和申请专利的权利是两种不同的权利，不能混淆。申请专利的权利是指在发明创造完成后，权利人有权决定是否要申请专利以及如何申请专利，如权利人可以决定对其发明创造不申请专利而是采取技术秘密的手段保护其发明创造；专利申请权是指在就发明创造向国家知识产权局提出专利申请之后，专利权申请人享有的是否可以继续进行专利申请程序、是否转让专利申请的权利，如专利申请权人可以决定撤回专利申请。

【相关案例】

李某某诉张某某、第三人潍坊医学院专利申请权权属纠纷案

2010年5月25日，被告张某某作为申请人向国家知识产权局提出发明专利申请，申请号为201010181617. X。根据2010年11月3日国家知识产权局公开的上述发明专利申请文件的记载，上述申请中的发明专利的申请人为“张某某”，地址为“山东省潍坊市奎文区虞河路465号附属医院家属院4号楼4单元1楼1号”，发明人为“张某某、李某某”等人，专利代理机构为“济南舜源专利事务所有限公司”，代理人为“李某”，发明名称为“从壁虎中提取的抗肿瘤化合物及其制备方法”，权利要求共21项，主要包括以下内容：(1) 从壁虎中提取的抗肿瘤化合物的基本骨架结构；(2) 以结构通式的方式表达了从壁虎中提取的抗肿瘤化合物，该化合物的分子量为253-341；（3）分子量分别为253、267、309、327、297、323、313、325的8个具体的从壁虎中提取的抗肿瘤化合物的分子结构；(4) 从壁虎中提取的抗肿瘤化合物的制备方法；(5) 从壁虎中提取的化合物作为抗肿瘤药物的应用价值。

张某某作为负责人于2005年向国家自然科学基金委员会申请研究项目，项目名称为“无蹼壁虎活性成分脂质体的抗肿瘤研究”，项目批准号

30572323。该研究项目的申请书和计划书对开展研究所需的工作条件、研究目标予以明确，研究期限为2006年1月至12月，结题报告于2007年3月10日填制完成，根据该结题报告的记载，该研究项目得出如下研究结论：（1）证明鲜无蹼壁虎抗肿瘤最有效的活性成分是水溶成分的晶体部分；（2）活性成分可制成纳米脂质体；（3）经过验证活性成分抗肿瘤作用明显，其主要作用与细胞凋亡有关，该课题的实施是“以三个实验室为中心的研究体系，三个实验室分别为：提取分离实验室李某某副教授负责；细胞与分子影像实验室曲某某、潘某某负责；制剂学实验室康某某负责”。

张某某作为负责人于2007年向国家自然科学基金委员会申请研究项目，项目名称为“无蹼壁虎抗肿瘤活性成分的分离和抗肿瘤机制的研究”，项目批准号为30772716。该研究项目的计划研究期限为2008年1月至2010年12月，其研究目标是“无蹼壁虎分离纯化得到抗肿瘤活性单体，通过化学结构测定，推导出活性单体化合物的分子结构，用流式细胞仪、透射电镜和肿瘤基因分析等方法，探讨壁虎活性成分作用下的肿瘤细胞凋亡规律，寻找低毒、广谱、高效抗肿瘤新药的前期化合物”，该研究计划申请书中对原告李某某从事天然药物化学的研究工作给予肯定，并认为原告对无蹼壁虎的提取分离纯化有着丰富的经验，是研究工作得以开展的工作条件。

上述三项研究项目的申请文件中均载明，李某某是三项研究项目的主要成员之一，分别担任活性成分提取、活性成分分离与纯化和单体制备的工作，潍坊医学院是上述三个研究项目的依托单位。李某某在参与第30572323号和第30772716号国家自然科学基金研究项目的研究过程中，对其具体的实验、研究过程和相关数据进行了记录。

法院生效裁判认为，被告作为负责人共向国家自然科学基金管理委员会申请三个研究项目，三个研究项目具有接续性，本案诉争专利即为从壁虎中提取的抗肿瘤化合物及其制备方法，其具体的权利要求内容包括从壁虎中提取的抗肿瘤化合物的基本骨架结构、分子结构及其制备方法，还包括从壁虎中提取的化合物作为抗肿瘤药物的应用价值，与第二个研究项目的研究目标相吻合，原、被告及第三人均认可诉争的专利同国家自然科学基金资助的前述研究项目具有关联性，因此，诉争的尚处在申请阶段的专利技术是以被告为负责人的国家自然科学基金资助的研究项目中形成的研究成果。根据法律规定，国家自然科学基金资助的研究项目中形成的研究成果，专利权应当归属项目承担者即涉案的国家自然科学基金的依托单位潍坊医学院。原告是潍坊医学院的教师，主要是利用潍坊医学院提供的物质技术条件从事涉案的国家自然科学基金项目的研究工作，所完成的发明创造应属职务行为。

【法条指引】

中华人民共和国专利法（节录）

第六条 执行本单位的任务或者主要是利用本单位的物质技术条件所完成的发明创造为职务发明创造。职务发明创造申请专利的权利属于该单位；申请被批准后，该单位为专利权人。

非职务发明创造，申请专利的权利属于发明人或者设计人；申请被批准后，该发明人或者设计人为专利权人。

利用本单位的物质技术条件所完成的发明创造，单位与发明人或者设计人订有合同，对申请专利的权利和专利权的归属作出约定的，从其约定。

第八条 两个以上单位或者个人合作完成的发明创造、一个单位或者个人接受其他单位或者个人委托所完成的发明创造，除另有协议的以外，申请专利的权利属于完成或者共同完成的单位或者个人；申请被批准后，申请的单位或者个人为专利权人。

第九条 同样的发明创造只能授予一项专利权。但是，同一申请人同日对同样的发明创造既申请实用新型专利又申请发明专利，先获得的实用新型专利权尚未终止，且申请人声明放弃该实用新型专利权的，可以授予发明专利权。

两个以上的申请人分别就同样的发明创造申请专利的，专利权授予最先申请的人。

中华人民共和国专利法实施细则（节录）

第十二条 专利法第六条所称执行本单位的任务所完成的职务发明创造，是指：

（一）在本职工作中作出的发明创造；

（二）履行本单位交付的本职工作之外的任务所作出的发明创造；

（三）退休、调离原单位后或者劳动、人事关系终止后1年内作出的，与其在原单位承担的本职工作或者原单位分配的任务有关的发明创造。

专利法第六条所称本单位，包括临时工作单位；专利法第六条所称本单位的物质技术条件，是指本单位的资金、设备、零部件、原材料或者不对外公开的技术资料等。

第十三条 专利法所称发明人或者设计人，是指对发明创造的实质性特点作出创造性贡献的人。在完成发明创造过程中，只负责组织工作的人、为物质技术条件的利用提供方便的人或者从事其他辅助工作的人，不是发明人或者设计人。

第二节 专利权的客体

【规则要点】

专利权的客体包括发明、实用新型和外观设计，但是，并非所有符合发明（广义）要件的都可以被授予专利权，法律明确规定了排除对象。

【理解与适用】

一、发明

专利法中的发明，是指对产品、方法或者其改进所提出的新的技术方案。

与我们日常生活所说的发明含义不同，只有符合以下条件才能成为专利法意义上的发明：

（一）必须是正确利用自然规律的结果

自然规律，是指自然界客观存在并能够为人们所认识的规律。要构成发明专利，应当是在正确利用自然规律的基础上提出的改造世界的一种方案，而且必须建立在正确利用客观规律的基础上，如有人想发明“永动机”就不符合发明专利的授予条件，因其违反了“能量守恒定律”。

（二）必须是一种技术方案

技术方案是对要解决的技术问题所采用的利用了自然规律的技术手段的集合，其能够解决技术问题，获得符合自然规律的技术效果。如果一种方案不是针对技术问题，也不是正确利用自然规律的结果，则其不能获得专利权。

（三）能够被稳定地反复实施

只有一种发明专利能够被稳定地实施，才能够为社会带来一定的利益，才有必要对其进行保护。

根据法律的规定，发明分为产品发明和方法发明。

产品发明，是指发明创造出的一切有形物品，包括制造品、材料以及具有新用途的产品的发明。如果仅仅是发现了自然存在的物质则只是发现而不是发明。材料发明，是指以任何方法所取得的两种或者两种以上元素的合成物或者化合物；具有新用途的产品发明，是指经过研究发现已知物质的未被人类发现的用途。

方法发明，是指发明人所提供的一种技术解决方法，最终表现是为实现某种技术效果的程序或者步骤。但是非技术性质的方法，如计算方法等不属于方法发明的范围。

二、实用新型

实用新型，是指对产品的形状、构造或者其结合所提出的适于实用的新的技术方案。

构成实用新型必须满足以下条件：

（一）实用新型涉及的对象为某种产品

这一特征包含两层意思：实用新型必须是一种产品，该产品必须具有确定的形状、构造或者二者的结合。但是，根据专利法规定，虽然有固定形状但是不能移动的产品，不能构成专利权的客体。

（二）具有一定的创新性

创新性，是指该实用新型是一种新的技术方案，不属于现有的技术方案，与现有技术方案相比具有创造性，但是创造性程度低于发明，故也被称作“小发明”。

（三）具有直接的实用价值

实用性，是指该实用新型不仅可以实施，还可以用工业生产的方法再现，故单纯具有视觉上的美感而不具有技术上的特征，不能构成实用新型的客体。

应注意不要将实用新型和产品发明相混淆，实用新型与产品发明相比的主要特点为：实用新型限定于有形产品、专利要求程度低、受保护期限短、审批程序简单等。

三、外观设计

外观设计，是指对产品的形状、图案或者其结合以及色彩与形状、图案的结合所作出的富有美感并适于工业应用的新设计。

外观设计具有以下特征：

（一）外观设计是针对工业产品外观的新设计

该外观设计能应用于工业生产过程中并且能够大量的复制生产。新设计是指不属于现有的设计，在专利申请日之前也没有相同的设计申请。

需要注意的是：

1. 只有工业产品上的形状、图案或者与色彩等的结合才能构成专利法意义上的外观设计，单纯的形状、图案以及色彩等的结合不能构成外观设计，只可能构成著作权意义上的作品。

2. 外观设计是针对产品的整体设计而言，不能分割或者不能单独出售的且不能单独使用的部分不能构成外观设计。

3. 我国法律已经允许对“包括图形用户界面的产品外观设计”授予专利权。

（二）外观设计是对产品的外表所作的设计

外观设计必须以产品外表为依托，设计图如果没有与产品相结合就不是专利法意义上的外观设计。但这并不意味着产品本身就是外观设计，产品的外在形状、色彩等也能成为外观设计，因此外观设计又被称为工业产品的外观设计。

（三）构成外观设计的是产品的形状、图案或者其结合以及色彩与形状、图案的结合

（四）外观设计必须具有美感

外观设计是为了满足人们对于产品在视觉等方面的需求，吸引潜在的买

主，增强产品在市场的竞争力，故要求其能给大众带来美的享受，但因个人对于富有美感的标准不同，因此一般消费者认为其有美感就符合该要求。

四、专利法不予保护的对象

一般来说，符合专利法规定的条件即可获得专利法的保护，但是有些客体虽然属于发明创造，但按照法律规定也不能给予其法律保护。

专利法明确规定了法律不予保护的几种情形：

（一）违反法律、社会公德或者妨害公共利益的发明创造

违反法律的发明创造，是指违反全国人民代表大会及其常委会制定和颁布的法律的发明创造。此处法律的范围不包括行政法规和规章，若一项发明创造本身与国家法律相违背，自然不能被授予专利权，如用于赌博的工具。但是有些发明创造本身的目的并没有违反法律，而是被不当使用，这些则不属于此种情况。专利法实施细则规定，违反法律的发明创造，不包括仅其实施为法律所禁止的发明创造。如以医疗为目的的麻醉品和以娱乐为目的的物品可以申请专利，受到专利法的保护。

违反社会公德，是指违反公众普遍认为是正当的并且已经接受的伦理道德，如果发明创造在客观上与社会公德相违背，则不授予其专利权，如带有暴力凶杀或者淫秽图片的外观设计。

妨害公共利益的发明创造，是指发明创造的实施或者使用会给公众或者社会造成损害，如发明创造的实施会严重污染环境、破坏生态环境，则该发明创造不会被授予专利权。但是对于那些因被滥用而损害公共利益的发明创造，我们要区别对待，如对于人体有副作用的药品、残留量高的农药以及放射性诊断疾病的设备，都不能被认定为妨害公共利益的发明创造。

（二）违反法律、行政法规的规定获取或者利用遗传资源，并依赖该遗传资源完成的发明创造

专利法所称的遗传资源，是指取自人体、动物、植物或者微生物等含有遗传功能单位并具有实际或者潜在价值的材料。对于遗传资源的收集、保存、开发、利用等，不仅有利于它们自身的生存，而且可以产生一定的商业价值。但是如果行为人采取非法方式获得或者利用遗传资源，不仅会造成遗传资源的破坏，而且会损害遗传资源权利人的合法利益。我国是批

准加入《生物多样性公约》最早的国家之一，故专利法增加了对遗传资源的保护。

（三）专利法规定的不被授予专利权的客体

1. 科学发现

科学发现，是指对于自然界客观存在的物质、现象、变化过程以及特性和规律的揭示，属于科学领域。它是对自然界认识的总结，而不是改造客观世界的技术方案，而且不具备专利法要求的实用性，故不能被授予专利权。但是，根据这种发现制造出的新材料以及制造方法可以被授予专利权。

2. 智力活动的规则和方法

智力活动的规则和方法，是指人们进行思维、推理和判断的一种规则和方法。它不是利用自然规律的过程，也不能设计或者制造出某种产品，不具有实用性。专利法保护的是人类智力活动的成果，而不是智力活动本身，也不是指导智力活动的规则和方法，因此智力活动的规则和方法不能成为专利权的客体。

3. 疾病的诊断和治疗方法

疾病的诊断和治疗方法，是指确定或者消除有生命的人体或者动物体病灶及病因的步骤过程。因其实施的对象为有生命的人或者动物，不能在工业上应用，不具备实用性，故不是专利法所指的发明。而且出于人道主义的考虑，医生在诊断和治疗的过程中有选择不同方法的自由，因此，对其不授予专利权。但是，法律仅规定疾病诊断和治疗方法不能被授予专利权。对于为诊断和治疗而发明的各种仪器、器械设备等都可以被授予专利权。对于血液、毛发等脱离了人体或动物体的物质进行化验的方法都可以成为专利法的客体。

4. 动物和植物品种

对于该问题，世界各国有不同的规定。TRIPs 允许成员国拒绝对植物和动物（微生物除外）以及生产植物和动物的生物方法（非生物方法和微生物方法除外）授予专利权，但是要求成员国通过专利或者其他特殊保护制度保护植物品种。因此，《专利审查指南》将通过基因工程制造的转基因动物和植物排除在专利法保护之外，但是通过《中华人民共和国植物新品种保护条例》对于植物品种提供类似的保护。

5. 用原子核变换方法获得的物质

用原子核变换方法获得的物质，是指通过核裂变或者核聚变的方法而制造的元素或者化合物。这些元素和化合物不能获得专利权，同样，原子核变换方法也不能获得专利权。但是为实现核变换方法的各种设备、仪器等都可以被授予专利权，同时，为实现原子核变换而增加粒子能量的粒子加速方法，也可以获得专利权。

6. 对平面印刷品的图案、色彩或者二者的结合作出的主要起标识作用的设计

平面印刷品主要是指平面包装袋、瓶贴、标贴等用于装入被销售的商品或者用于附着于其他产品之上的印刷品。这些印刷品的图案、色彩或者二者的组合如果是主要起标识作用的，可以作为商标进行注册。即使未注册为商标，只要通过使用能够起到识别商品来源的作用，如果未经他人许可使用，导致消费者混淆的，则由反不正当竞争法保护，故不需要专利法对其进行保护。

但是需要注意的是，尽管窗帘、床单等也是印刷品，但是不属于平面印刷品。纺织品的花色或者图案只要不是主要起标识作用的，都可以受到专利法的保护。

【风险提示】

在判断某个对象是否能够成为专利权客体时，要先排除法律不予保护的几种类型，然后再看是否为符合法律规定的三类客体。其中，法律对于发明创作的独创性要求最高；其次是实用新型；最后是外观设计。

【相关案例】

卡比斯特制药公司与中华人民共和国国家知识产权局专利复审委员会发明专利权无效行政纠纷再审案

卡比斯特制药公司于1999年9月24日向中华人民共和国国家知识产权局申请了名称为“抗生素的给药方法”的发明专利，并于2004年5月19日获得授权，专利号为99812498.2，要求US60/101，828和US60/125，

750为优先权，优先权日分别为1998年9月25日和1999年3月24日。该专利授权公告的权利要求书有15个。2008年6月4日，肖某某对本专利向专利复审委员会提出无效宣告请求并提交证据。2008年11月10日，专利复审委员会进行了口头审理。审理过程中，卡比斯特制药公司声明以本专利授权公告文本作为审查基础并声明删除权利要求9。2009年4月7日，专利复审委员会认为该专利无新颖性和创造性，因此作出第13188号决定，宣告本专利权全部无效。

卡比斯特制药公司以第13188号决定事实认定不清、适用法律错误为由，向北京市第一中级人民法院提起行政诉讼。一审法院以（2009）一中行初字第1847号行政判决维持了第13188号决定。卡比斯特制药公司不服该一审判决，提起上诉。二审法院判决驳回上诉，维持原判，主要理由为：(1) 关于新颖性。本专利权利要求中记载的给药剂量、重复给药和时间间隔特征与医生对治疗方案的选择有关，与药物和其制剂本身以及其制备方法均没有必然的联系。因此，所述特征仅体现在用药过程之中，对制药过程不具有限定作用，从而对制药用途权利要求的保护范围没有限定作用，不能使上述权利要求所要求保护的用途区别于现有技术公开的已知用途。因此缺少新颖性。(2) 关于本专利创造性的争议焦点仍然在于上述权利要求中限定的"不产生骨骼肌毒性"以及给药剂量、重复给药和时间间隔特征对其是否具有限定作用，从而能够使其所要求保护的技术方案具有创造性。如前所述，"不产生骨骼肌毒性"以及给药剂量、重复给药和时间间隔特征对制药用途权利要求没有限定作用，因此，不能够使其所要求保护的技术方案具备创造性。此后，卡比斯特制药公司又申请再审，最高人民法院裁定驳回申请。

【法条指引】

中华人民共和国专利法（节录）

第二十二条 授予专利权的发明和实用新型，应当具备新颖性、创造性和实用性。

新颖性，是指该发明或者实用新型不属于现有技术；也没有任何单位或者个人就同样的发明或者实用新型在申请日以前向国务院专利行政部门提出过申请，并记载在申请日以后公布的专利申请文件或者公告的专利文件中。

创造性，是指与现有技术相比，该发明具有突出的实质性特点和显著的进步，该实用新型具有实质性特点和进步。

实用性，是指该发明或者实用新型能够制造或者使用，并且能够产生积极效果。

本法所称现有技术，是指申请日以前在国内外为公众所知的技术。

第二十三条 授予专利权的外观设计，应当不属于现有设计；也没有任何单位或者个人就同样的外观设计在申请日以前向国务院专利行政部门提出过申请，并记载在申请日以后公告的专利文件中。

授予专利权的外观设计与现有设计或者现有设计特征的组合相比，应当具有明显区别。

授予专利权的外观设计不得与他人在申请日以前已经取得的合法权利相冲突。

本法所称现有设计，是指申请日以前在国内外为公众所知的设计。

第二十五条 对下列各项，不授予专利权：

（一）科学发现；

（二）智力活动的规则和方法；

（三）疾病的诊断和治疗方法；

（四）动物和植物品种；

（五）用原子核变换方法获得的物质；

（六）对平面印刷品的图案、色彩或者二者的结合作出的主要起标识作用的设计。

对前款第（四）项所列产品的生产方法，可以依照本法规定授予专利权。

第三节 专利权的内容

【规则要点】

专利权主体在享有专利权的同时也要承担一定的义务，如按照规定缴纳年费、不得滥用专利权等。在行使专利权时也要受到一定的限制，具体包括法律规定的几种不视为侵犯专利权的情况和强制许可。

【理解与适用】

专利权的内容，是指专利权人依法享有的权利和应承担的义务。

一、专利权人的权利

专利权是一种财产权，不具有人身权的内容。但是，专利法规定，发明人或者设计人有权在专利文件中写明自己是发明人或者设计人。这项专利权随着发明创造的完成而产生。发明人或者设计人的前述权利是与专利权平行的权利。

根据专利法的规定，专利权包括以下内容：就产品专利而言，专利权人享有对专利产品的独占制造权、使用权、许诺销售权、销售权和进口权；就方法专利而言，专利权人享有对专利方法的独占使用权以及对依据专利方法直接获得的产品的独占使用权、许诺销售权、销售权和进口权等。外观设计专利权被授予后，任何单位或者个人未经专利权人许可，都不得实施其专利，即不得为生产经营目的制造、许诺销售、销售、进口其外观设计专利产品。

专利产品，是指包含了权利要求书中独立权利要求记载的全部技术特征的产品，并不一定是与专利权人制造的产品相同的产品。例如，对于某发明专利来说，其权利要求书中独立要求记载的技术特征为 A 和 B，如果一种产品包含了 A、B、C 三项技术特征或者更多的技术特征，则都是专利产品，即只要包含了独立记载的技术特征的都构成专利产品。

（一）制造权

制造权，是指专利权人享有独占地制造专利产品，禁止他人未经其许可制造与专利产品相同或相似的产品的权利。除法律另有规定外，任何单位和个人非经专利权人许可不得擅自制造专利产品，否则构成侵犯专利权。此处的“法律另有规定”主要是指强制许可、不视为侵犯专利权的情况等。但是，专利权人可以自己依法实施专利权，也可以在一定范围内许可他人使用并获得一定的报酬。

（二）使用权

使用权，是指专利权人依法享有的使用专利产品或者专利方法以及依照专利方法直接获得的产品的专有权。一般情况下，专利权人自己销售或者授权他人销售专利产品，即表明权利人已经许可购买者使用该专利产品，但是，如果有人擅自制造专利产品或者擅自销售该专利产品，购买者为生产经营目的使用该专利产品即构成侵权。因专利权侵权也是无过错责任，只要行为人实施了侵权的客观行为即应为其行为承担侵权责任。

（三）许诺销售权

根据《最高人民法院关于审理专利纠纷案件适用法律问题的若干规定》的规定，许诺销售，是指以做广告、在商店橱窗中陈列或者在展销会上展出等方式作出销售商品的意思表示。因此，虽然没有实际的销售行为，而仅仅是为了销售进行的广告宣传或者展示，也是构成侵犯他人专利权的行为。实践中的许诺销售行为表现为面向特定和不特定的对象，以口头、书面等形式明确作出销售专利产品的意思表示。需要注意的是，该行为是直接侵权行为，不是间接侵权行为。

（四）销售权

销售权，是指权利人依法享有的独自销售专利产品或者依照专利方法直接获得产品的权利。需要注意的是，此种销售仅指所有权的第一次转移，即专利权人自己销售或者允许他人销售专利产品后，购买者可以不经任何人的许可再次对该专利产品进行转售。但是如果该专利产品是未经权利人许可制造的，则第一次销售该产品的行为是侵权行为，且其后的购买者无论是否知道前手为侵权行为，其之后的转售行为都是侵权行为。

（五）进口权

进口权，是指除法律另有规定外，专利权人享有依法进口其专利产品的权利。进口权包括以下两方面的内容：（1）专利权人有权自己进口专利产品；（2）专利权人有权禁止他人进口专利产品。专利法规定，发明和实用新型专利权被授予后，除专利权法另有规定的以外，任何单位或者个人未经专利权人许可，都不得实施其专利，即不得为生产经营目的制造、使用、许诺销售、销售、进口其专利产品，或者使用其专利方法以及使用、许诺销售、销售、进口依照该专利方法直接获得的产品。外观设计专利权被授予后，任何单位或者个人未经专利权人许可，都不得实施其专利，即不得为生产经营目的制造、许诺销售、销售、进口其外观设计专利产品。进口的产品包括专利产品、使用专利方法直接获得的产品以及外观设计专利产品。

二、专利权人的义务

专利权的内容还包括专利权人应履行的一定的义务，主要包括以下内容：

（一）缴纳专利年费

缴纳专利年费，是指专利权人应按照专利法的规定在专利有效期内向专利局缴纳费用的义务。专利法规定，专利权人应当自被授予专利权的当年开始缴纳年费。

关于缴纳费用的内容，专利法实施细则规定，向国务院专利行政部门申请专利和办理其他手续时，应当缴纳下列费用：

1. 申请费、申请附加费、公布印刷费、优先权要求费；
2. 发明专利申请实质审查费、复审费；
3. 专利登记费、公告印刷费、年费；
4. 恢复权利请求费、延长期限请求费；
5. 著录事项变更费、专利权评价报告请求费、无效宣告请求费。

上述所列各种费用的缴纳标准，由国务院价格管理部门、财政部门会同国务院专利行政部门规定。

缴纳费用的方式为：

1. 可以直接向国务院专利行政部门缴纳，也可以通过邮局或者银行汇付，或者以国务院专利行政部门规定的其他方式缴纳。

2. 通过邮局或者银行汇付的，应当在送交国务院专利行政部门的汇单上写明正确的申请号或者专利号以及缴纳的费用名称。缴纳方式不符合上述规定的，视为未办理缴费手续。

对于不同的缴费方式，其缴费日的起算点也不相同：直接向国务院专利行政部门缴纳费用的，以缴纳当日为缴费日；以邮局汇付方式缴纳费用的，以邮局汇出的邮戳日为缴费日；以银行汇付方式缴纳费用的，以银行实际汇出日为缴费日。同时，对于多缴、重缴、错缴专利费用的，当事人可以自缴费日起3年内，向国务院专利行政部门提出退款请求，国务院专利行政部门应当予以退还。

缴纳年费的时间为：上一年度期满前。但是专利权人未缴纳或者未缴足的，国务院专利行政部门应当通知专利权人自应当缴纳年费期满之日起6个月内补缴，同时缴纳滞纳金；滞纳金的金额按照每超过规定的缴费时间1个月，加收当年全额年费的5%计算；期满未缴纳的，专利权自应当缴纳年费期满之日起终止。

申请人未按规定缴纳费用的后果，根据不同情况进行区分：

1. 申请人未在法定期限内（自申请日起2个月内或者在收到受理通知书之日起15日内）缴纳申请费、公布印刷费和必要的申请附加费的，其申请视为撤回。

2. 如果申请人要求优先权的，应当在缴纳申请费的同时缴纳优先权要求费，否则视为未要求优先权。

3. 如果当事人请求实质审查或者复审时，应在法定期限内缴纳费用，否则视为未提出请求。

4. 申请人办理登记手续时，应当缴纳专利登记费、公告印刷费和授予专利权当年的年费，未按期缴纳的，视为未办理登记手续。

5. 恢复权利请求费、延长期限请求费以及著录事项变更费、专利权评价报告请求费、无效宣告请求费都应在法定期限内缴纳，期限届满未缴纳或者未缴足的，都视为未提出申请。

（二）不得滥用专利权

专利权是一种绝对权，除权利人以外的任何人不得侵犯其权利的行使。但是权利人也必须在法定范围内正确行使权利，不得利用专利权实施损害国家利益、社会和他人合法权益的行为，如非法垄断、妨碍技术进步等，此种行为为法律所禁止。

三、专利权的限制

为防止专利权的滥用，法律对于专利权人行使专利权作出了一定的限制，主要包括不视为侵犯专利权的行为和强制许可。

（一）不视为侵犯专利权的行为主要有以下几种情形

1. 专利权用尽后的使用、许诺销售、销售、进口

专利权用尽后的使用、许诺销售、销售、进口，是指专利产品或者依

照专利方法直接获得的产品，由专利权人或者经其许可的单位、个人售出后，使用、许诺销售、销售、进口该产品的。专利权用尽与著作权中的发行权用尽是相同的原理：无论是专利权人自己合法制造还是授权他人合法制造的专利产品售出后，其权利视为用尽，其他人对于该产品的转售、批发、使用等无须再得到权利人的授权。需要注意的是，有两种情形可以导致专利权用尽：专利权人许可将专利产品投放市场和他人在专利权人的许可下进行合法的制造、出售专利产品。

2. 先用权人的制造和使用

先用权人的制造和使用，即在专利申请日前已经制造相同产品、使用相同方法或者已经做好制造、使用的必要准备，并且仅在原有范围内继续制造、使用的。

注意构成该情形的条件：

（1）享有先用权的人所使用的技术必须是自己研究完成或者通过其他合法途径获得的，而且该权利人不能是专利权人的某种特定关系人。

（2）先用权人在该专利的申请日以前在实施该发明创造，或者已经做好实施的必要准备。根据《最高人民法院关于审理侵犯专利权纠纷案件应用法律若干问题的解释》的规定，在以下两种情形下即可认为已经做好制造、使用的必要准备：已经完成实施发明创造所必需的主要技术图纸或者工艺文件；已经制造或者购买实施发明创造所必需的主要设备或者原材料。

（3）先用权人只能在原有范围内继续实施该发明创造，即在原有的实施方式、实施范围和原有的生产规模下继续实施，不得扩大适用范围和实施规模。

（4）先用权人只能自己实施该权利，不得转让或者许可他人使用，因先用权不是一项完整的权利，其不能成为合同转让的唯一标的，也不能作为许可贸易的对象。

需要注意的是，“先用”仅指以非公开的方式进行使用，如果属于公开实施的发明创造，则该发明创造就丧失了新颖性。

3. 临时过境的外国运输工具运行中的使用

临时过境的外国运输工具运行中的使用，是指临时通过中国领陆、领水、领空的外国运输工具，依照其所属国同中国签订的协议或者共同参加的国际条约，或者依照互惠原则，为运输工具自身需要而在其装置和设备中使用有关专利的。

适用本规定时需要注意以下几个方面：

（1）只适用于临时进入中国领陆、领水、领空的运输工具，包括定期的和不定期的，但是长期在中国境内的外国运输工具不适用该规定。

（2）只适用于与中国有条约或互惠关系的国家的运输工具。

（3）仅限于运输工具自身的运行装置和设备中使用中国的专利产品或者专利方法，而且仅限于以使用的方式利用发明创造，不包括运输、制造或进口专利产品。

4. 非生产经营目的的使用

非生产经营目的的使用，是指专为科学研究和实验而使用有关专利。

需要注意的是：

（1）专为科学研究和实验而使用有关专利，是指仅将专利产品或者专利方法作为科学研究和实验对象加以使用，在科学研究和实验中涉及的发明创造则不属于该情形，同时，将专利产品或者方法作为科学研究和实验的手段或工具的并不属于该情形。

（2）对发明创造的利用方式仅限于使用，即对专利产品和专利方法的使用，但是不包括专利产品的制造、销售、进口等利用方式。

5. 为提供行政审批所需要的信息，制造、使用、进口专利药品或者专利医疗器械的，以及专门为其制造、进口专利药品或者专利医疗器械的

为提供行政审批所需要的信息，制造、使用、进口专利药品或者专利医疗器械的，以及专门为其制造、进口专利药品或者专利医疗器械的，不属于侵犯专利权的行为。该制度是中国借鉴美国的结果，也被称为安全港条款。药品专利权和医疗器械专利权过保护期之后，任何人都可以自由地仿造，也不需要支付专利许可费，但是法律对于这两种产品的上市有严格的限制，需要经过一系列实验、向主管部门提交相关信息、待批准等步骤，才可以销售。若等到专利权保护期限届满才进行实验则会导致专利保护期的变相延长，若提前制造专利产品或者医疗器械则可能会构成侵权，故根据美国的“罗氏公司诉 Bolar 制药公司药品专利侵权案”，我国法律进行了例外规定。

6. 善意第三人赔偿责任的免除

专利法规定，为生产经营目的使用、许诺销售或者销售不知道是未经专利权人许可而制造并售出的专利侵权产品，能证明该产品合法来源的，不承担赔偿责任，即善意侵权。所谓“不知道是未经专利权人许可”是指善意第三人在使用或者销售专利产品时主观上不存在侵犯专利权人专利权的故意和过失。

理解该问题时，需要注意以下三个问题：

（1）善意第三人的利用仅限于为生产经营目的使用、许诺销售或者销售专利产品的行为，不包括对专利产品的制造和进口行为。

（2）善意第三人在行为时主观上是善意。

（3）使用人负有免除责任的举证义务，即使用人要能够证明产品的合法来源，实践中常见的是利用买卖合同或者购物发票等来证明产品的来源合法。

（二）强制许可

强制许可是一种实施专利的许可，主要是为了限制权利人滥用专利权。其基本含义是：国家主管机关不经专利权人的许可，通过行政手段允许第三人实施专利权人取得专利权的发明创造或者实用新型。

专利法规定的强制许可的类型有以下几种：

1. 普通强制许可

专利法规定，专利权人自专利权被授予之日起满 3 年，且自提出专利申请之日起满 4 年，无正当理由未实施或者未充分实施其专利的，国务院专利行政部门根据具备实施条件的单位或者个人的申请，可以给予实施发明专利或者实用新型专利的强制许可。这种强制许可就是普通强制许可。

普通强许可成立条件：

（1）时间条件：自专利权被授予之日起满 3 年，且自提出专利申请之日起满 4 年。

（2）实施条件：无正当理由未实施或者未充分实施。“未充分实施”是指专利权人及其被许可人实施其专利的方式或者规模不能满足国内对专利产品或者专利方法的需求。

（3）实施对象：仅限于发明专利和实用新型两种，不包括外观设计。

（4）申请主体条件：首先该主体必须具备实施该专利的条件，包括物质上的和经济技术方面的条件；其次还需要其与专利权人进行过实施专利许可的谈判，并且在合理时间内未达成协议，申请人要向专利主管部门提供以上证据。

2. 为防止垄断的强制许可

专利法规定，专利权人行使专利权的行为被依法认定为垄断行为，为消除或者减少该行为对竞争产生的不利影响的，国务院专利行政部门根据具备实施条件的单位或者个人的申请，可以给予实施发明专利或者实用新型专利的强制许可。垄断行为对于社会发展是不利的，此种强制许可可以限制其垄断行为。反垄断法规定，经营者滥用知识产权，排除、限制竞争的行为，适用反垄断法。同时 TRIPs 也进行了规定，各成员在其立法中可以明确规定在特定情况下可构成对知识产权的滥用并对相关市场中的竞争产生不利影响的许可活动或条件，并可按照该成员国的有关法律、法规，采取适当的措施以防止或控制此类活动，故中国的专利法也作出了如上的规定。

3. 为公共利益的强制许可

专利法规定，在国家出现紧急状态或者非常情况时，或者为了公共利益的目的，国务院专利行政部门可以给予实施发明专利或者实用新型专利的强制许可。

根据上述规定，此种强制许可发生在三种情况下：国家出现紧急状态，如爆发战争；出现非常情况，如特殊事件；为了公共利益。这种对于专利的强制许可一般都是非商业性的。当为公共利益的强制许可的理由消除或者不再发生时，国务院专利行政部门可以根据专利权人的请求审查该情况，终止实施强制许可。

需要注意的是：强制许可涉及的发明创造为半导体技术的，其实施限于公共利益的目的和被认为是垄断的情形。即涉及半导体技术的强制许可仅限于这两种情形，上述专利权人在法定期限内无正当理由未实施或未充分实施其专利的，并不构成强制许可的条件。

4. 为公共健康的强制许可

专利法规定，为了公共健康目的，对取得专利权的药品，国务院专利行政部门可以给予制造并将其出口到符合中华人民共和国参加的有关国际条约规定的国家或者地区的强制许可。此处的“药品”是指解决公共健康问题所需的医药领域中的任何专利产品或者依照专利方法直接获得的产品，包括取得专利权的制造该产品所需的活性成分以及使用该产品所需的诊断用品。此规定是打破 TRIPs 关于强制许可只能用于供应国内市场需要的限制性规定，允许将药品出口至缺乏制药能力或制药能力不足的发展中国家和最不发达国家，以解决当地的健康问题。

5. 交叉强制许可

交叉强制许可，也被称为“从属专利的强制许可”，是指前后两个专利的实施有一定的依存关系，后一个专利的实施需要以前一个受专利法保护的专利的实施为条件。专利法规定，一项取得专利权的发明或者实用新型比前已经取得专利权的发明或者实用新型具有显著经济意义的重大技术进步，其实施又有赖于前一发明或者实用新型的实施的，国务院专利行政部门根据后一专利权人的申请，可以给予实施前一发明或者实用新型的强制许可。在依照前款规定给予实施强制许可的情形下，国务院专利行政部门根据前一专利权人的申请，也可以给予实施后一发明或者实用新型的强制许可。

实施交叉强制许可必须具备以下条件：

（1）必须有两个已经取得专利权的发明或者实用新型，并且后一发明或者实用新型更先进。

（2）后一发明或实用新型在技术上依赖于前者，不实施前者，后者无法实施。

（3）后一权利人曾就该许可事项与前一权利人进行协商，但是双方之间未达成专利许可合意。

（4）申请的主体是后一专利权人。

对于以上强制许可，如果专利权人对国务院专利行政部门关于实施强制许可的决定不服的，专利权人和取得实施强制许可的单位或者个人对国务院专利行政部门关于实施强制许可的使用费的裁决不服的，可以自收到通知之日起 3 个月内向人民法院起诉。

（三）强制许可的其他问题

1. 审批

国务院专利行政部门受理强制许可的有关事项。如上所述，申请人请求给予强制许可的，应当向国务院专利行政部门提交强制许可请求书，说明理由并附有关证明文件。

（1）对于普通强制许可，国务院专利行政部门应当将强制许可请求书的副本送交专利权人，专利权人应当在国务院专利行政部门指定的期限内陈述意见；期满未答复的，不影响国务院专利行政部门作出决定。国务院专利行政部门在作出驳回强制许可请求的决定或者给予强制许可的决定前，应当通知请求人和专利权人拟作出的决定及其理由。

（2）对于为公共健康实施的强制许可，国务院专利行政部门作出给予强制许可的决定，应当同时符合中国缔结或者参加的有关国际条约关于为了解决公共健康问题而给予强制许可的规定，但中国作出保留的除外。

2. 实施范围

对于产品专利，强制许可的实施方式为制造、使用、销售或者进口专利产品中的一项或者多项；对于方法专利，强制许可的方式可以是使用专利方法，也可以是使用、销售或者进口该专利方法直接获得的专利产品。

3. 费用

对于使用费用，专利法规定，取得实施强制许可的单位或者个人应当付给专利权人合理的使用费，或者依照中国参加的有关国际条约的规定处理使用费问题。付给使用费的，其数额由双方协商；双方不能达成协议的，由国务院专利行政部门裁决。裁决在程序上的内容为：当事人提出裁决请求书，并附双方不能达成协议的证明文件，国务院专利行政部门应当自收到请求书之日起 3 个月内作出裁决，并通知当事人。

4. 国家指定许可

专利法明确规定，国有企业事业单位的发明专利，对国家利益或者公共利益具有重大意义的，国务院有关主管部门和省、自治区、直辖市人民政府报经国务院批准，可以决定在批准的范围内推广应用，允许指定的单位实施，由实施单位按照国家规定向专利权人支付使用费。此项指定许可只适用于中国单位和个人的专利，不适用于外国人、外国企业和外国其他组织在中国取得的专利。

【风险提示】

产品专利和方法专利的专利权内容并不相同，在判断是否侵权时，要首先判断是产品专利还是方法专利，进而确定专利权的范围。实施专利权受到限制的几种情况，也要根据法律的规定进行判定。

【相关案例】

深圳市斯瑞曼精细化工有限公司诉深圳市坑梓自来水有限公司、深圳市康泰蓝水处理设备有限公司侵害发明专利权纠纷案

深圳市斯瑞曼精细化工有限公司（以下简称斯瑞曼公司）于2006年1月19日向国家知识产权局申请发明专利，该专利于2006年7月19日公开，2009年1月21日授权公告，授权的发明名称为“制备高纯度二氧化氯的设备”，专利权人为斯瑞曼公司。该专利最近一次年费缴纳时间为2008年11月28日。2008年10月20日，深圳市坑梓自来水有限公司（以下简称坑梓自来水公司）与深圳市康泰蓝水处理设备有限公司（以下简称康泰蓝公司）签订《购销合同》一份，坑梓自来水公司向康泰蓝公司购买康泰蓝二氧化氯发生器一套，价款26万元。康泰蓝公司已于2008年12月30日就上述产品销售款要求税务机关代开统一发票。在上述《购销合同》中，约定坑梓自来水公司分期向康泰蓝公司支付设备款项，康泰蓝公司为坑梓自来水公司提供安装、调试、维修、保养等技术支持及售后服务。

2009年3月16日，斯瑞曼公司向法院提起诉讼，认为自己拥有涉案发明专利，而康泰蓝公司生产、销售和坑梓自来水公司使用的二氧化氯生产设备落入涉案发明专利保护范围。一审法院判决，康泰蓝公司停止侵权，康泰蓝公司和坑梓自来水公司连带赔偿斯瑞曼公司经济损失8万元。康泰蓝公司、坑梓自来水公司均提起上诉，二审法院判决驳回上诉，维持原判。后坑梓自来水公司向最高人民法院申请再审，最高人民法院判决撤销一、二审判决，驳回斯瑞曼公司的诉讼请求，主要理由为：案件主要争议焦点在于，坑梓自来水公司在涉案发明专利授权后使用其在涉案发明专利临时保护期内向康泰蓝公司购买的被诉专利侵权产品是否侵犯涉案发明专利权，康泰蓝公司在涉案发明专利授权后为坑梓自来水公司使用被诉专利侵权产品提供售后服务是否侵犯涉案发明专利权。经过审理，最高人民法院认定康泰蓝公司销售被诉专利侵权产品是在涉案发明专利临时保护期内，该行为不为专利法所禁止。在此情况下，后续的坑梓自来水公司使用所购买的被诉专利侵权产品的行为也应当得到允许。因此，坑梓自来水公司后续的使用行为不侵犯涉案发明专利权。同理，康泰蓝公司在涉案发明

专利授权后为坑梓自来水公司使用被诉专利侵权产品提供售后服务也不侵犯涉案发明专利权。

【法条指引】

中华人民共和国专利法（节录）

第四十八条 有下列情形之一的，国务院专利行政部门根据具备实施条件的单位或者个人的申请，可以给予实施发明专利或者实用新型专利的强制许可：

（一）专利权人自专利权被授予之日起满三年，且自提出专利申请之日起满四年，无正当理由未实施或者未充分实施其专利的；

（二）专利权人行使专利权的行为被依法认定为垄断行为，为消除或者减少该行为对竞争产生的不利影响的。

第四十九条 在国家出现紧急状态或者非常情况时，或者为了公共利益的目的，国务院专利行政部门可以给予实施发明专利或者实用新型专利的强制许可。

第五十条 为了公共健康目的，对取得专利权的药品，国务院专利行政部门可以给予制造并将其出口到符合中华人民共和国参加的有关国际条约规定的国家或者地区的强制许可。

第五十一条 一项取得专利权的发明或者实用新型比前已经取得专利权的发明或者实用新型具有显著经济意义的重大技术进步，其实施又有赖于前一发明或者实用新型的实施的，国务院专利行政部门根据后一专利权人的申请，可以给予实施前一发明或者实用新型的强制许可。

在依照前款规定给予实施强制许可的情形下，国务院专利行政部门根据前一专利权人的申请，也可以给予实施后一发明或者实用新型的强制许可。

第六十九条 有下列情形之一的，不视为侵犯专利权：

（一）专利产品或者依照专利方法直接获得的产品，由专利权人或者经其许可的单位、个人售出后，使用、许诺销售、销售、进口该产品的；

（二）在专利申请日前已经制造相同产品、使用相同方法或者已经作好制造、使用的必要准备，并且仅在原有范围内继续制造、使用的；

（三）临时通过中国领陆、领水、领空的外国运输工具，依照其所属国同中国签订的协议或者共同参加的国际条约，或者依照互惠原则，为运输工具自身需要而在其装置和设备中使用有关专利的；

（四）专为科学研究和实验而使用有关专利的；

（五）为提供行政审批所需要的信息，制造、使用、进口专利药品或者专利医疗器械的，以及专门为其制造、进口专利药品或者专利医疗器械的。

第四节　专利权的产生

【规则要点】

专利权的产生以申请为前提，在申请专利时，要遵循一定的原则：书面原则、单一性原则、优先权原则、在先申请原则。当向有关专利机关申请专利时，要按规定提交相关的文件，其中，权利要求书是重点文件，主要描述希望得到保护的专利的权利。有关部门收到申请后，经过形式审查和实质审查，对于符合要求的授予专利，不符合要求的予以驳回。

【理解与适用】

一、专利的申请

作品在创作完成时即可获得著作权，但是发明创造不能直接获得专利权，需要权利人向专利局提出申请，并经过法定程序的审批，符合一定的条件，才能被授予专利权。因此，专利权被授予的前提是权利人的专利申请。

（一）专利申请的原则

根据法律的规定，专利申请的原则主要有以下几个方面：

1. 书面原则

书面原则，是指专利申请人按照法律规定申请专利时必须采用书面的形式。专利法实施细则明确规定，专利法和本细则规定的各种手续，应当以书面形式或者国务院专利行政部门规定的其他形式办理。根据该项规定可知，申请人办理各种手续时原则上应当采用书面形式。随着信息技术的发展，电子信息也被视作书面形式。目前，国家知识产权局已经接受电子化的专利申请。

2. 单一性原则

单一性原则，又称“一发明一专利”原则，是指一份专利申请只能申请一项发明专利，但是同一申请人同日对同样的发明创造既申请实用新型专利又申请发明专利，先获得的实用新型专利权尚未终止，且申请人声明放弃该实用新型专利权的，可以授予发明专利权。如果两项或者两项以上的发明创造要取得权利就应当分别提出申请，不能将其放在一个申请案中。专利法规定，一件发明或者实用新型专利申请应当限于一项发明或者实用新型。属于一个总的发明构思的两项以上的发明或者实用新型，可以作为一件申请提出。但是考虑到发明人的发明创造之间往往会存在一定的关联性，专利法还规定，一件外观设计专利申请应当限于一项外观设计。同一产品两项以上的相似外观设计，或者用于同一类别并且成套出售或者使用的产品的两项以上外观设计，可以作为一件申请提出。这种把两项以上的属于一个总的构思下的发明创造合并为一件申请提出的专利申请称为合案申请。

3. 先申请原则

先申请原则，是指两个以上的申请人分别就同样的发明创造申请专利的，专利权只能授予在先申请的人。但是需要注意的是，在先申请要以“申请日”而非以“申请时”来判断，也就是即使是同一天的不同时刻进行申请的也应视为是同一天申请。此时，两人应当在收到国务院专利行政主管部门的通知后自行协商确定申请人；若不能通过协商确定的，则两人的申请都将被驳回。

专利法实施细则还对于申请日作出了特别规定，当面递交申请文件的，以递交日为申请日。邮寄的各种文件，以寄出的邮戳日为递交日；邮戳日不清晰的，除当事人能够提出证明外，以国务院专利行政部门收到日为递交日。

4. 优先权原则

《保护工业产权巴黎公约》（以下简称《巴黎公约》）对于优先权这样

规定：在申请专利或者商标等工业产权时，各缔约国要互相承认对方国家国民的优先权。申请人在一个缔约国第一次提出专利申请后，在一定期限内（发明和实用新型的优先权期为1年，外观设计的优先权期为6个月）又以相同的发明创造向其他缔约国提出申请的，则该申请人有权要求缔约国以申请人第一次提出专利申请的缔约国的申请日为申请日，也就是优先权日。

中国是《巴黎公约》的缔约国，故根据该公约的规定，专利法也规定了国外优先权和国内优先权两种优先权。

国外优先权：申请人自发明或者实用新型在外国第一次提出专利申请之日起12个月内，或者自外观设计在外国第一次提出专利申请之日起6个月内，又在中国就相同主题提出专利申请的，依照该外国同中国签订的协议或者共同参加的国际条约，或者依照相互承认优先权的原则，可以享有优先权。即申请人的第一次申请不在国内，但只要申请人符合该条件，国务院专利行政部门就要以申请人在外国第一次申请的日期作为在中国申请的日期。需要注意的是，可以享有外国优先权的发明创造的范围包括发明、实用新型和外观设计。

国内优先权：申请人自发明或者实用新型在中国第一次提出专利申请之日起12个月内，又向国务院专利行政部门就相同主题提出专利申请的，可以享有优先权。国内优先权的行使要求两次申请都要在国内，并且发明创造的范围仅限于发明和实用新型，不包括外观设计。

还需要注意的是，申请人要求优先权的，应当在申请的时候提出书面声明，并且在3个月内提交第一次提出的专利申请文件的副本；未提出书面声明或者逾期未提交专利申请文件副本的，视为未要求优先权。申请人享有优先权的，优先权日视为申请日。

（二）专利申请文件

1. 申请发明或者实用新型需要提交的文件

（1）请求书

请求书是申请人向国家专利管理机关递交的请求授予专利权的书面文件，其内容主要包括：

① 发明创造的名称。该发明创造的名称必须简明易懂并且与发明创造有一定的联系，能够一定程度上反映该发明创造的特点和内容。

② 发明人的姓名，申请人姓名或者名称、地址，以及其他事项。

主要包括以下内容：

发明人，是指完成发明创造或者实用新型的自然人。专利请求书中应写明发明人的姓名、地址；如果是合作发明，需要将每个发明人的姓名、地址都要写清，而且发明人只能是自然人不能是法人，法人只能是专利申请人，不能作为发明人。

申请人的名称和地址：如果专利申请是法人的，则应写清法人的名称、地址以及法定代表人的姓名；如果申请人委托专利代理人，应标明专利代理人的姓名、地址或者办事机构的名称，以及委托权限的范围；是外国人申请的，应注明国籍、住所地国家或者营业所在地国家。申请人是两人以上并且未委托专利代理机构的，应当指定一人为代表，未指定的，除请求书中另有声明外，以请求书中指明的第一申请人为代表人。

③ 专利申请要求优先权的，应注明第一次专利申请提交的国家的国名、申请日期和申请号。

专利法实施细则将该内容进行了具体规定：

A. 发明、实用新型或者外观设计的名称；

B. 申请人是中国单位或者个人的，其名称或者姓名、地址、邮政编码、组织机构代码或者居民身份证件号码；申请人是外国人、外国企业或者外国其他组织的，其姓名或者名称、国籍或者注册的国家或者地区；

C. 发明人或者设计人的姓名；

D. 申请人委托专利代理机构的，受托机构的名称、机构代码以及该机构指定的专利代理人的姓名、执业证号码、联系电话；

E. 要求优先权的，申请人第一次提出专利申请（以下简称在先申请）的申请日、申请号以及原受理机构的名称；

F. 申请人或者专利代理机构的签字或者盖章；

G. 申请文件清单；

H. 附加文件清单；

I. 其他需要写明的有关事项。

法律对于新的生物材料进行了特殊的规定：申请专利的发明涉及新的生物材料，该生物材料公众不能得到，并且对该生物材料的说明不足以使所属领域的技术人员实施其发明的，除应当符合专利法和专利法实施细则的有关规定外，申请人还应当办理下列手续：

A. 在申请日前或者最迟在申请日（有优先权的，指优先权日），将该生物材料的样品提交国务院专利行政部门认可的保藏单位保藏，并在申请时或者最迟自申请日起4个月内提交保藏单位出具的保藏证明和存活证明；期满未提交证明的，该样品视为未提交保藏；

B. 在申请文件中，提供有关该生物材料特征的资料；

C. 涉及生物材料样品保藏的专利申请应当在请求书和说明书中写明该生物材料的分类命名（注明拉丁文名称）、保藏该生物材料样品的单位名称、地址、保藏日期和保藏编号；申请时未写明的，应当自申请日起4个月内补正；期满未补正的，视为未提交保藏。

（2）说明书及其摘要

说明书是阐明发明创造技术实质的文件。专利法对说明书有以下要求：

① 说明书应当对发明创造的内容作出清楚、完整的说明，以所属领域的技术人员能够实现为准，必要的时候，应当有附图。专利法规定，发明专利申请说明书的内容将自申请日起满18个月后对社会公开，如果说明书公开不充分或者不完整或者专利申请人在说明书中隐瞒实质性的技术问题，导致说明书的内容不能被所属领域的普通技术人员实现时，申请可能被驳回。

② 说明书应该包括以下内容：

A. 技术领域：写明要求保护的技术方案所属的技术领域；

B. 背景技术：写明对发明或者实用新型的理解、检索、审查有用的背景技术；有可能的，并引证反映这些背景技术的文件；

C. 发明内容：写明发明或者实用新型所要解决的技术问题以及解决其技术问题采用的技术方案，并对照现有技术写明发明或者实用新型的有益效果；

D. 附图说明：说明书有附图的，对各幅附图作简略说明；

E. 具体实施方式：详细写明申请人认为实现发明或者实用新型的优选方式；必要时，举例说明；有附图的，对照附图。需要注意的是：对于依赖遗传资源完成的发明创造，申请人应当在专利申请文件中说明该遗传资源的直接来源和原始来源；申请人无法说明原始来源的，应当陈述理由。

说明书摘要应简要说明发明或者实用新型的技术要点，即要写明发明或者实用新型的名称和所属技术领域，并清楚地反映所要解决的技术问题、解决该问题的技术方案的要点以及主要用途。摘要不具有法律效力，但利于公众对于专利的检索和初步了解专利的内容。对于说明书摘要，专利法实施细则进行了具体的规定：说明书摘要可以包含最能说明发明的化学式；有附图的专利申请，还应当提供一幅最能说明该发明或者实用新型技术特征的附图。附图的大小及清晰度应当保证在该图缩小到4厘米×6厘米时，仍能清晰地分辨出图中的各个细节。摘要文字部分不得超过300字。摘要中不得使用商业性宣传用语。

(3) 权利要求书

权利要求书是申请人请求予以专利保护的范围的书面表达。专利法第26条第4款规定：权利要求书应当以说明书为依据，清楚、简要地限定要求专利保护的范围。权利要求书应当有独立权利要求，也可以有从属权利要求。申请人取得专利权后，该权利要求书既是确定该发明或实用新型专利权范围的直接依据，也是判断他人是否构成侵权的依据，具有直接的法律效力。

按照内容划分，权利要求可以分为独立权利要求和从属权利要求。独立权利要求应在整体上反映发明或者实用新型的主要技术内容，并记载发明或者实用新型的必要技术特征。必要技术特征是指发明或者实用新型为达目的和效果所不可缺少的技术特征，它们的总和可以构成发明或者实用新型主题，使之区别于其他技术方案。一项发明或者实用新型应当只有一项独立权利请求，并写在同一发明或者实用新型的从属权利要求之前。

发明或者实用新型的独立权利要求应当包括前序部分和特征部分。

① 前序部分。写明要求保护的发明或者实用新型技术方案的主题名称和发明或者实用新型主题与最接近的现有技术共有的必要技术特征。

② 特征部分。使用"其特征是……"或者类似的用语，写明发明或者实用新型区别于最接近的现有技术的技术特征。这些特征和前序部分写明的特征合在一起，限定发明或者实用新型要求保护的范围。但是如果发明或者实用新型的性质不适于用前面的表达的，独立权利要求可以用其他方式撰写。

从属权利要求，是指用要求保护的附加技术特征，对于引用的权利要求作进一步的限定的权利要求。从属权利一般写于独立权利之后，包括引用部分和限定部分，引用部分写明引用的独立权利要求的编号和主题名称，限定部分写明发明或者实用新型附加的技术特征，采取“如权利要求1所属方法（或者产品），其特征在于……”的句式进行描述。

对于化学领域组合物的发明创造专利申请而言，权利要求记载的技术特征是构成组合物的成分和含量，鉴于发明内容的不同，权利要求有开放式和封闭式之分。开放式权利要求一般采取“包含”“包括”“主要由……组成”等表达方式，封闭式权利要求则采用“由……组成”等表达方式，对于成分和含量的限制更加明确，除所列之外无任何其他物质。《最高人民法院关于审理侵犯专利权纠纷案件应用法律若干问题的解释（二）》中明确规定，被诉侵权技术方案在包含封闭式组合物权利要求全部技术特征的基础上增加其他技术特征的，人民法院应当认定被诉侵权技术方案未落入专利权的保护范围，但该增加的技术特征属于不可避免的常规数量杂质的除外，而且该封闭式权利要求一般不包括中药组合物的权利要求。

对于依赖遗传资源完成的发明创造，除上述依法应提交的文件外，申请人应当在专利申请文件中说明该遗传资源的直接来源和原始来源；申请人无法说明原始来源的，应当陈述理由，此行为便于保护来自于遗传资源的提供者的利益。

2. 申请外观设计需要提交的文件

外观设计并不涉及解决技术问题，而是保护对产品的外表形状、图案或者其结合以及色彩与形状、图案的结合的设计，此种设计的本质特征只有通过图片或者照片才能反映出来，因此确定其保护范围主要是以图片或者照片为依据，与申请发明或者实用新型的专利所提交的文件不同。

根据专利法的规定，申请外观设计专利主要提交以下文件：

（1）请求书

请求书的内容与发明专利请求书的内容大体相同。申请人应当填写《外观设计专利请求书》表格，请求书中应当说明使用外观设计的产品名称、产品所属领域、设计人、申请人等。需要注意的是，一定要写明使用该外观设计的产品类别，因为外观设计专利保护的范围仅限于相同或者相近种类的产品，故法律明确规定“外观设计专利权的保护范围以表示在图片或者照片中的该产品的外观设计为准”。

(2) 图片或者照片

因外观设计是一种造型，很难用语言表述，而照片或图片能清楚地将申请人的要求和外观设计的特征表达出来，因此申请人要提交不同角度、不同侧面和不同状态的图片或者照片，以达到能够清楚、完整、准确地显示请求保护的外观设计的目的。法律对于按规定提交的图片或者照片的尺寸也进行了明确规定：不得小于 3 厘米 ×8 厘米，同时不得大于 15 厘米 × 22 厘米。如果申请人同时请求保护色彩的外观设计专利申请，应提交彩色图片或者照片一式两份。

对于变化状态产品的外观设计专利，根据最高人民法院的司法解释，如果被诉侵权设计与变化状态图所示各种使用状态下的外观设计均相同或者近似的，人民法院应当认定被诉侵权设计落入专利权的保护范围；被诉侵权设计缺少其一种使用状态下的外观设计或者与之不相同也不近似的，人民法院应当认定被诉侵权设计未落入专利权的保护范围。

(3) 简要说明

专利法规定，申请外观设计专利的必须提交简要说明。简要说明应写明外观设计产品的名称、用途，外观设计的设计要点，并指定一幅最能标明设计要点的图片或者照片。省略视图或者请求保护色彩的，应在简要说明中写明。对同一产品的多项相似外观设计提出一件外观设计专利申请的，应在简要说明中指定其中一项作为基本设计。同时，简要说明不得使用商业性宣传用语，也不能用来说明产品的性能。

(4) 使用外观设计的产品样品或者模型

国务院专利行政部门认为，必要时，可以要求外观设计专利申请人提交使用外观设计的产品样品或者模型。样品或者模型的体积不得超过 30 厘米 ×30 厘米 ×30 厘米，重量不得超过 15 公斤。易腐、易损或者危险品不得作为样品或者模型提交。即该项内容不是每个申请人必须提交的，只有在国务院专利行政部门认为必要时才可要求申请人提交。

(三) 专利申请的提交、修改和撤回

1. 专利申请的提交

专利申请人将上述材料备齐，即可向国务院专利行政部门提交。申请人提交文件的方式有：直接把申请文件递交到北京国家知识产权局或者上海分局；递交给长沙、南京或成都等地的代办处；也可将文件邮寄到上述

机构，并且应在信封正面注明“专利申请”字样。若申请专利的发明创造涉及国家安全或者重大利益需要保密的，应依据专利法第 4 条和专利法实施细则第 9 条的有关规定办理。

随着电子信息技术的不断发展，用电子文件方式提交专利申请也逐渐普遍开来。国家知识产权局已允许发明、实用新型和外观设计以电子文件的形式提出。提出电子专利申请的，应事先与国家知识产权局签订《电子专利申请系统用户注册协议》，申请人委托已与国家知识产权局签订用户协议的专利代理机构办理电子专利申请业务。国家知识产权局于 2010 年发布实施的《关于专利电子申请的规定》，就专利电子申请的范围、要求和程序进行了相关规定。

专利局在收到专利申请文件后，应当明确申请日，给予申请号，并且通知申请人。申请日和申请号确定后，就取得一定的法律地位，对于在其后提出同样的申请来说就取得了先申请的地位。

2. 专利申请的修改

专利申请提出后，法律允许对申请文件进行修改，既可以是专利申请人进行修改，也可以是专利行政机构进行修改。

申请人的修改又区分为两种情形：申请人主动提出修改和应专利行政机构的要求进行的修改。法律对于主动修改的内容和时间的限制为：发明专利申请人在提出实质审查请求时以及在收到国务院专利行政部门发出的发明专利申请进入实质审查阶段通知书之日起的 3 个月内，实用新型或者外观设计专利申请人自申请日起 2 个月内，可以对专利申请主动提出修改。同时对发明和实用新型专利申请文件的修改不得超出原说明书和权利要求书记载的范围，对外观设计专利申请文件的修改不得超出原图片或者照片表示的范围。应专利行政机构的要求进行的修改，是指申请人在收到国务院专利行政部门发出的审查意见通知书后对专利申请文件进行的修改，此时的修改应当针对通知书指出的缺陷进行。

除申请人修改之外，国务院专利行政部门可以自行修改专利申请，修改的内容仅限于申请文件中文字和符号的明显错误，若国务院专利行政部门自行修改的，应当通知申请人。

3. 专利申请的撤回

专利法第 32 条规定，申请人可以在被授予专利权之前随时撤回其专利申请。申请人可以主动要求撤回专利申请，即以书面的形式向专利行政机构提出书面声明，写明申请专利的名称、申请日和申请号，表明撤回申请的愿望。申请人还可以通过不作为的方式撤回申请，即自申请之日起3年内，发明专利申请人无正当理由不请求实质审查的，或者申请人未在指定期限内修改申请的内容，该类申请被视为撤回。撤回和被视为撤回申请产生相同的法律效力。

专利申请的撤回的法律效力一般是从专利行政机构公告撤回决定之日起开始计算。若申请是在公开前撤回的，该申请视为自始不存在，不影响在后申请的新颖性；若申请是在公开后撤回的，则该发明创造丧失新颖性，进入公有领域。

(四) 专利的国际申请

发明创造人不仅可以向国内专利行政机构申请专利，还可以向其他国家申请专利。中国是《巴黎公约》和《专利合作条约》的成员，中国的单位或者个人向外国申请专利的主要方式和依据为：若向《巴黎公约》的缔约国提出，被申请国依照本国的国内法决定是否授权；若向非《巴黎公约》的缔约国提出，则依据中国同该国缔结的双边协定或者对等原则办理相应的手续；若向《专利合作公约》缔约国提出申请，申请人只要在一个国家提交申请，相当于在缔约国的其他国家也提出了申请。对此，专利法第20条明确规定：任何单位或者个人将在中国完成的发明或者实用新型向外国申请专利的，应当事先报经国务院专利行政部门进行保密审查。保密审查的程序、期限等按照国务院的规定执行。中国单位或者个人可以根据中国参加的有关国际条约提出专利国际申请。申请人提出专利国际申请的，应当报经国务院专利行政部门进行保密审查。国务院专利行政部门依照中国参加的有关国际条约、专利法和国务院有关规定处理专利国际申请。若违反审查程序向外国申请专利的发明或者实用新型，在中国申请专利的，不授予专利权。

二、专利审查

(一) 初步审查

初步审查也被称为形式审查，是国务院专利行政部门对发明、实用新型和外观设计的专利申请是否具备法定形式条件进行的审查。通过初步审查，为后期的公开和实质审查以及是否授予专利权作准备。

法律对于发明、实用新型和外观设计的初步审查内容进行了不同规定：

1. 对发明专利初步审查的内容

对发明专利初步审查包括以下内容：申请文件是否完备，书写是否符合专利法和专利法实施细则的规定；申请人身份是否合法，各种证明文件是否齐全，如申请人是外国人的，是否依法委托了代理；申请专利的发明创造是否违反中国的法律、社会公德或者妨碍社会公共利益以及是否属于不予授予专利权的对象；申请人是否缴纳了申请费用。

2. 对实用新型和外观设计专利初步审查的内容

对实用新型和外观设计专利初步审查包括以下内容：是否符合单一性要求，实用新型或者外观设计的申请文件的撰写是否符合要求，对于文件的修改是否超越了法定限制，有无重复授权的可能性，申请人的资格是否合法，是否为两个相同实用新型或者外观设计专利申请的后申请人等。可以看出，对实用新型和外观设计的初步审查不仅包括形式审查还附带一些实质性审查。

国家知识产权局在对上述内容进行初步审查后，应当将专利审查意见通知申请人，对于申请文件中不符合专利法要求的，应当给予申请人在指定期限内对申请文件进行补正的机会；申请人期满未答复的，申请被视为撤回；补正后仍然不符合要求的，应当予以驳回。如果申请人不服的，可以请求专利复审委员会复审。专利法第 40 条规定，实用新型和外观设计专利申请经初步审查没有发现驳回理由的，由国务院专利行政部门作出授予实用新型专利权或者外观设计专利权的决定，发给相应的专利证书，同时予以登记和公告。实用新型专利权和外观设计专利权自公告之日起生效。即对于实用新型和外观设计的申请要进行严格的初步审查。

（二）申请的公布

申请的公布，是指经过初步审查，对于符合形式条件的发明专利的申请，国务院专利行政机构在尚未经过实质审查前对其进行公开。专利法第 34 条规定，国务院专利行政部门收到发明专利申请后，经初步审查认为符合本法要求的，自申请日起满 18 个月，即行公布。国务院专利行政部门可以根据申请人的请求早日公布其申请。公布的方式为利用《发明专利公报》登载发明专利申请请求书中记载的事项和说明书摘要，并出版发明说明书和权利要求书的全文单行本。公布之后产生的法律效果为：该发明已经是公开发表的技术，申请人依法获得了优先申请并取得专利的权利；该发明专利获得了一定程度的临时保护。发明专利申请公布后，申请人可以要求实施其发明的个人或者单位支付适当的使用费。

（三）实质审查

实质审查，是指专利行政机构对于发明专利申请的实质性要件作出的审查，是从技术角度对专利进行审查，以此来判定是否能对其进行授权。由此可以看出，对于实用新型和外观设计不进行实质审查。同时对发明专利实行“早期公开，延迟审查”机制。专利法规定对于专利的实质审查可以是经申请人申请进行，也可以由专利行政机构主动对其进行审查。发明专利申请自申请日起 3 年内，国务院专利行政部门可以根据申请人随时提出的请求，对其申请进行实质审查；申请人无正当理由逾期不请求实质审查的，该申请即被视为撤回。而自行对发明专利申请进行实质审查则仅限于国务院专利行政部门认为必要的情况下。

实质审查的主要内容有：该技术方案是否构成专利法意义上的发明，是否属于不能取得专利权的发明，申请公开是否符合法律的规定，是否具有单一性，等等。同样，对于审查中发现的问题，申请人可以进行修改或者陈述意见。

（四）授权登记公告

授权登记公告，是指发明专利申请经实质审查没有发现驳回理由的，由国务院专利行政部门作出授予发明专利权的决定，发给发明专利证书，同时予以登记和公告。发明专利权自公告之日起生效。当国务院专利行政机构发出授权的通知后，申请人应当自收到通知之日起 2 个月内办理登记手续。若申请人按期办理登记手续，国务院专利行政部门应当授予专利权，颁发专利证书，并予以公告；而期满未办理登记手续的，视为放弃取得专利权的权利。

（五）复审

复审，是指由专利复审委员会对当事人不服国务院专利行政部门有关处理决定的请求所进行的审查。专利复审委员会由国务院专利行政部门指定的有经验的技术专家和法律专家组成，主任委员由专利局负责人兼任。复审程序不是专利审批的必经程序，该程序的启动必须以有关权利人的申请为前提。

专利法对专利复审进行了明确规定：专利申请人对国务院专利行政部门驳回申请的决定不服的，可以自收到通知之日起 3 个月内，向专利复审委员会请求复审。专利复审委员会复审后，作出决定，并通知专利申请人。如果专利申请人对专利复审委员会的复审决定不服，则申请人可以自收到通知之日起 3 个月内向人民法院起诉。

三、授予专利

授予专利，是指经申请人的申请，国务院专利行政机构在依法定程序进行审查后依法授予申请人专利权的行为。对于专利授权的条件，对发明、实用新型与外观设计进行了区别规定。专利授予条件通常分为实质要件和形式要件，形式要件是指申请人要依上述申请程序申请，实质要件则是指审批机关在进行实质审查时需要满足的条件。发明和实用新型应当具备新颖性、创造性和实用性，但是对于发明和实用新型的创造性要求不同；外观设计不但要符合新颖性，还不能与在先权利相冲突。

（一）发明和实用新型授予专利的条件

1. 新颖性

（1）新颖性的概念

新颖性，是指发明创造是新的而不是旧的，新旧的判断标准是以已经公开的现有技术为标准。专利法定义新颖性为：该发明或者实用新型不属于现有技术；也没有任何单位或者个人就同样的发明或者实用新型在申请日以前向国务院专利行政部门提出过申请，并记载在申请日以后公布的专利申请文件或者公告的专利文件中。

（2）新颖性的判断标准

新颖性的判断以“现有技术”为标准。现有技术，是指申请人以前在国内外为公众所知的技术。现有技术的判断主要从公开标准、时间标准和地域标准三个方面进行。

① 公开标准

现有技术的公开方式分为出版物公开、使用公开和以其他方式公开。

出版物公开，也称书面公开，是指发明创造的内容以书面形式公开，是技术最主要的公开方式。专利法所指的出版物是记载有技术或设计内容的独立存在的有形传播载体，并且应当标明其发表者或出版者以及公开发表或者出版时间。这些出版物既可以是书籍、报刊等印刷的、打字的纸件，也可以是用影像、声音和图形等方式将发明创造的具体内容公开复制发行的信息载体。出版物不受地理位置的限制，既可以在国内，也可以在国外出版或者发表。出版物处于公开状态是指该出版物属于公开发行出版，没有限定读者范围，但是对于印有“内部发行”等字样的出版物，或仅提供给特定人的，则不属于出版物公开这一方式。同时，对于书面公开还有度的限制，即通过出版物公开的发明创造必须达到同行业的一般技术水平的人能够了解该发明创造的技术特征并能够实施。

使用公开是通过公开实施使公众能够了解和掌握该发明创造。由于使用导致一项或者多项技术方案的公开，或者导致该技术方案处于公众知悉的状态就是使用的公开，不仅包括通过制造、使用、销售和进口，还包括通过模型演示使公众能够了解其技术内容。判断使用是否足以导致发明创造丧失新颖性，主要从以下两个方面进行把握：是否在公开场所进行；是否达到了使公众了解该项技术的实质内容。

其他方式的公开，是指书面和使用公开之外的公开方式，主要是以口头的方式。例如，公开集会上的演讲、报告等，无论是何种方式，都必须达到使公众知晓的程度。但是仅在限定的范围、限定的人数、限定的地点进行的演讲等则不构成公开。

② 时间标准

对于时间标准，以发明或者实用新型的专利申请日为标准，即只要在申请日之前没有公开过，就具有新颖性。若有优先权的，则指优先权日，正如上文所述，优先权分为国内优先权和国外优先权。

③ 地域标准

对于地域标准，我国采取的是绝对地域标准，即申请专利的发明创造或者实用新型在任何国家和地区都没有以任何形式公开过。

判断一个发明创造或者实用新型是否具有新颖性，其中的一个判断标准是该技术是否属于现有技术，如果不属于则具有新颖性；否则，不具有新颖性。除此之外，判断新颖性的另一个标准就是抵触申请。所谓抵触申请，是指任何人在申请日以前就同样的发明创造向国家专利行政机构提出的，并且记载于申请日以后公布的专利申请文件或者公告的专利文件中的专利申请。

据此，构成抵触申请的条件为：申请人必须是不同的主体提出的；专利申请的权利要求和技术要素包含在抵触申请的文件中；抵触申请必须是在专利申请的申请日前向国务院专利行政部门提出，而且必须在专利申请的申请日之后公开。

（3）丧失新颖性的例外

抵触申请会导致专利申请丧失新颖性，申请人因此不能取得专利权。但是该原则也有例外，在一定的宽限期内，申请专利的发明创造不丧失新颖性，专利法规定的宽限期是6个月，具体有以下几种情形：

① 在中国政府主办或者承认的国际展览会上首次展出的。中国政府主办的国际展览会，包括国务院、各部委主办或者国务院批准由其他机关或者地方政府举办的国际展览会；中国政府承认的国际展览会是指《国际展览会公约》规定的由国际展览局注册或者认可的国际展览会。

② 在规定的学术会议或者技术会议上首次发表的。规定的学术会议或者技术会议是指国务院有关主管部门或者全国性学术团体组织召开的学术会议或者技术会议。

③ 他人未经申请人同意而泄露其内容的，包括他人未遵守明示或者默示的保密信约而将发明创造的内容公开，也包括他人用威胁、欺诈或者间谍活动等手段从发明人或者申请人那里得知发明创造的内容而后造成的公开。

对于以上三种情形，需要注意以下几个问题：

A. 该三种情形仅限于中国，如果申请人向外国申请专利可能得不到优惠保护。

B. 上述三种情形不否定申请人在规定的宽限期内申请专利的新颖性，但是否定第三人提出的相同申请的新颖性，即该宽限期仅给申请人，不给第三人。

C. 如果第三人将上述三种情况下获得的发明创造申请专利，则专利行政部门无须考虑是否符合专利的实质性要求。因为该第三人不享有专利申请权，同时该行为还侵犯了申请人的专利申请权，专利行政部门可以直接驳回其申请。

2. 创造性

(1) 创造性的概念

法律对于发明和实用新型的创造性作出了不同的规定。对于发明，创造性是指与现有技术相比具有突出的实质性特点和显著的进步。突出的实质性特点是与现有技术相比，申请专利的发明创造具有质的进步，必须具备独有的技术特征。显著的进步，是指申请专利的发明具有突出的技术效果。

对于实用新型，创造性是指具有实质性特点和进步。

(2) 创造性的判断标准

实践中，以下四种发明被认为具有创造性：① 开拓性发明创造，又称首创性发明，该发明是全新的技术解决方案，在技术史上没有先例，如电话的发明。发明解决了长期以来人们渴望解决的问题，人们渴望解决的问题说明了该技术的困难性。② 发明克服了技术偏见，技术偏见是技术人员对于事物固定不变的看法，这种看法会阻碍人们对于新技术的研究和开发。③ 发明取得了预料不到的技术效果，即同现有技术相比产生了质、量的变化，或者产生了新的性能。④ 发明在商业上获得成功，该成功须是发明的技术特征直接导致的。

在判断创造性时还应把握以下几个问题：应参照申请日以前的已有技术，不能与审查判断时的技术相比较；判断创造性的主体应为发明创造所属技术领域的普通技术人员，不能是专家也不能是不懂技术的人员。

3. 实用性

(1) 实用性的概念

实用性，又称工业实用性或者产业实用性，是指发明或者实用新型能够制造或者使用，并且能够产生积极效果。如果技术方案根本不能投入实际使用并解决实际问题，对其授予专利权毫无意义，因此，在对专利进行审查时，审查员首先对于专利的实用性进行审查，如果不具备实用性，无须对其他两个性质进行审查。

(2) 实用性的判断

在进行实用性判断过程中，一般从可实施性、可再现性以及有益性三个角度进行分析。可实施性，是指能够在产业中制造和使用。该技术方案必须是完整、成熟的整套技术方案，不能违反客观的自然规律。对于不同的技术方案，实用性的要求有所不同：对于产品发明和实用新型要求其能够在工业上制造、使用进而生产出产品；对于方法发明要求其能够在工业上使用并产生一定的积极效果。

再现性，是指发明或者实用新型可以被反复生产、使用，取得预期的结果，即对产品发明和实用新型，可依其技术方案进行反复实施；方法发明能够被多次使用。此种情况下的反复没有数量的限制，也不应受一定的条件的限制，如只有在独一无二的条件下实施或者只能依赖于少数人的特殊技艺才能实施，则不具有再现性。

有益性，是指发明或者实用新型的实施能够产生积极的经济、社会和技术效果，是实用性的一个重要方面。当然，有益性并不要求专利完美无缺，只要不妨碍在整体上使有益性占主导地位即可，同时，在申请专利时该有益性即使没有产生，只要有产生有益性的可能性即可。

（二）外观设计授予专利的条件

1. 新颖性

外观设计的新颖性，是指申请专利的外观设计不属于现有设计；也没有任何单位或者个人就同样的外观设计在申请日以前向国务院专利行政部门提出过申请，并记载在申请日以后公告的专利文件中。

外观设计的新颖性也要把握一定的公开标准、时间标准和地域标准。

公开标准有两项：公开发表，将外观设计的图片或者照片在国内出版物上公开发表；公开使用，在公开流通或者销售的工业品上使用该外观设计。

时间上依然采用申请日为标准，凡是在申请日以前与已公开的外观设计相同或者近似的都不具有新颖性，丧失新颖性的例外也适用于外观设计。

判断外观设计的新颖性时需要注意以下问题：判断外观设计是否相同的比较对象应该是使用该外观设计的同类产品，专利法规定申请外观设计应将使用该设计的产品以及其所属类别写明，故仅限于与使用该产品的同类产品进行比较。在对同类外观设计进行比较时，应当在两个产品的外观设计之间进行比较，一定要从整体上进行比较而不能将各个部分区别比较。

2. 创造性

授予专利权的外观设计与现有设计或者现有设计特征的组合相比，应当具有明显区别，即要求外观设计具有创造性。

3. 美观性

外观设计是对于产品外表进行的设计，应该符合一定的美学标准。因外观设计是一种视觉上的感受，以肉眼观察为标准，因此没有一定的客观标准。但是它有一定的客观基础，即取决于外观设计的形状、图案、色彩或其有机组合。

4. 应用性

应用性，是指外观设计本身及使用其的产品能够在工业上重复再现、大批次生产。外观设计的实质是工业产品的实用功能与装饰美感的复合体。

【风险提示】

申请专利时，要注意区分国外优先权和国内优先权的不同期限，同时也要注意专利客体的不同也会导致权利人享有优先权的时间不同。在递交申请材料时，权利书的书写尤为关键，对于权利的描述既不能太过于宽泛也不能太过于狭窄。

【相关案例】

沃尔尼·朗伯有限责任公司与国家知识产权局专利复审委员会、北京嘉林药业股份有限公司、张某某发明专利权无效行政纠纷案

1996 年 7 月 8 日，沃尼尔·朗伯有限责任公司（以下简称朗伯公司）申请了名称为“结晶［R－（R＊，R＊）］－2－（4－氟苯基）－β，δ－二羟基－5－（1－甲基乙基）－3－苯基－4－［（苯氨基）羰基］－1H－吡咯－1－庚酸半钙盐”发明专利（即本案专利），2002 年 7 月 10 日获得授权，专利号为 96195564. 3。本案专利权利要求 1 的主题为含 1－8 摩尔水的 I 型结晶阿托伐他汀水合物，特征部分用 X-射线粉末衍射图（XPRD）予以限定。针对本案专利，北京嘉林药业股份有限公司（以下简称嘉林公司）、张某某分别向国家知识产权局专利复审委员会（以下简称专利复审委员会）提起无效宣告请求，专利复审委员会合并审理后于 2009 年 6 月 17 日作出第 13582 号无效宣告请求审查决定（以下简称

第 13582 号决定），以本案专利不符合专利法第 26 条第 3 款规定为由，宣告本案专利权全部无效。

朗伯公司不服，提起行政诉讼。北京市第一中级人民法院维持第 13582 号决定。朗伯公司提起上诉，北京市高级人民法院二审认为，本发明要解决的技术问题是要获得阿托伐他汀的结晶形式，具体是Ⅰ型结晶阿托伐他汀，用以克服“无定形阿托伐他汀不适合大规模生产中的过滤和干燥”的技术问题。由于专利复审委员会并没有确定本发明所要解决的技术问题，也没有明确哪些参数是“与要解决的技术问题相关的化学物理性能参数”。因此，专利复审委员会在未对本发明要解决的技术问题进行整体考虑的情况下，作出本案专利不符合专利法第 26 条第 3 款规定的相关认定显属不当。遂判决撤销一审判决和第 13582 号决定，并责令专利复审委员会重新作出决定。专利复审委员会、嘉林公司均不服，向最高人民法院申请再审。最高人民法院裁定提审本案，并于 2015 年 4 月 16 日判决撤销二审判决，维持一审判决。

最高人民法院认为，化学产品发明的专利说明书中应当记载化学产品的确认、制备和用途。具体而言，当发明是一种化合物时，说明书中应当说明该化合物的化学结构及与发明要解决的技术问题相关的化学、物理性能参数，使本领域技术人员能确认该化合物。说明书中还应当至少公开一种制备方法，使本领域技术人员能够实施。从化学产品确认和制备的角度，本案专利说明书不符合专利法第 26 条第 3 款的规定。除此之外，本案还对确定发明所要解决的技术问题与判断说明书是否充分公开之间的关系，及申请日后补交的实验性证据是否可以用于证明说明书充分公开等法律问题进行了明确。

【法条指引】

中华人民共和国专利法（节录）

第二十六条 申请发明或者实用新型专利的，应当提交请求书、说明书及其摘要和权利要求书等文件。

请求书应当写明发明或者实用新型的名称，发明人的姓名，申请人姓名或者名称、地址，以及其他事项。

说明书应当对发明或者实用新型作出清楚、完整的说明，以所属技术领域的技术人员能够实现为准；必要的时候，应当有附图。摘要应当简要说明发明或者实用新型的技术要点。

权利要求书应当以说明书为依据，清楚、简要地限定要求专利保护的范围。

依赖遗传资源完成的发明创造，申请人应当在专利申请文件中说明该遗传资源的直接来源和原始来源；申请人无法说明原始来源的，应当陈述理由。

第二十七条 申请外观设计专利的，应当提交请求书、该外观设计的图片或者照片以及对该外观设计的简要说明等文件。

申请人提交的有关图片或者照片应当清楚地显示要求专利保护的产品的外观设计。

第三十四条 国务院专利行政部门收到发明专利申请后，经初步审查认为符合本法要求的，自申请日起满十八个月，即行公布。国务院专利行政部门可以根据申请人的请求早日公布其申请。

第三十五条 发明专利申请自申请日起三年内，国务院专利行政部门可以根据申请人随时提出的请求，对其申请进行实质审查；申请人无正当理由逾期不请求实质审查的，该申请即被视为撤回。

国务院专利行政部门认为必要的时候，可以自行对发明专利申请进行实质审查。

中华人民共和国专利法实施细则（节录）

第十五条 以书面形式申请专利的，应当向国务院专利行政部门提交申请文件一式两份。

以国务院专利行政部门规定的其他形式申请专利的，应当符合规定的要求。

申请人委托专利代理机构向国务院专利行政部门申请专利和办理其他专利事务的，应当同时提交委托书，写明委托权限。

申请人有 2 人以上且未委托专利代理机构的，除请求书中另有声明的外，以请求书中指明的第一申请人为代表人。

第十六条 发明、实用新型或者外观设计专利申请的请求书应当写明下列事项：

（一）发明、实用新型或者外观设计的名称；

（二）申请人是中国单位或者个人的，其名称或者姓名、地址、邮政编码、组织机构代码或者居民身份证件号码；申请人是外国人、外国企业或者外国其他组织的，其姓名或者名称、国籍或者注册的国家或者地区；

（三）发明人或者设计人的姓名；

（四）申请人委托专利代理机构的，受托机构的名称、机构代码以及该机构指定的专利代理人的姓名、执业证号码、联系电话；

（五）要求优先权的，申请人第一次提出专利申请（以下简称在先申请）的申请日、申请号以及原受理机构的名称；

（六）申请人或者专利代理机构的签字或者盖章；

（七）申请文件清单；

（八）附加文件清单；

（九）其他需要写明的有关事项。

第十七条 发明或者实用新型专利申请的说明书应当写明发明或者实用新型的名称，该名称应当与请求书中的名称一致。说明书应当包括下列内容：

（一）技术领域：写明要求保护的技术方案所属的技术领域；

（二）背景技术：写明对发明或者实用新型的理解、检索、审查有用的背景技术；有可能的，并引证反映这些背景技术的文件；

（三）发明内容：写明发明或者实用新型所要解决的技术问题以及解决其技术问题采用的技术方案，并对照现有技术写明发明或者实用新型的有益效果；

（四）附图说明：说明书有附图的，对各幅附图作简略说明；

（五）具体实施方式：详细写明申请人认为实现发明或者实用新型的优选方式；必要时，举例说明；有附图的，对照附图。

发明或者实用新型专利申请人应当按照前款规定的方式和顺序撰写说明书，并在说明书每一部分前面写明标题，除非其发明或者实用新型的性质用其他方式或者顺序撰写能节约说明书的篇幅并使他人能够准确理解其发明或者实用新型。

发明或者实用新型说明书应当用词规范、语句清楚，并不得使用“如权利要求……所述的……”一类的引用语，也不得使用商业性宣传用语。

发明专利申请包含一个或者多个核苷酸或者氨基酸序列的，说明书应当包括符合国务院专利行政部门规定的序列表。申请人应当将该序列表作为说明书的一个单独部分提交，并按照国务院专利行政部门的规定提交该序列表的计算机可读形式的副本。

实用新型专利申请说明书应当有表示要求保护的产品的形状、构造或者其结合的附图。

第五节　专利权的期限、终止和无效

【规则要点】

专利权的存续是有一定期限的，自申请日起算，发明专利的保护期限是 20 年，实用新型和外观设计的保护期限为 10 年。保护期限届满，专利权便终止，终止的原因还包括权利人书面放弃该权利、不按时缴纳年费等。专利的无效宣告则要经过一定的程序，即存在一定的法定事由的前提下，任何人都可以向专利复审委员会宣告无效，专利复审委员会经过审查作出决定。

【理解与适用】

一、专利权的期限

专利权的期限，是指法律对于专利权保护的期间，从专利局授予申请人专利权发生效力之日起至失效的这段时间。在该期间内，专利权人享有对该专利技术的垄断使用权，除法律的特别规定外，其他任何个人和单位不得擅自实施权利人的专利。专利权期限届满之后，专利进入公共领域，任何个人和单位都可以无偿使用，成为可以自由利用的公共财富。

专利法对于专利权的期限作出明确规定：发明专利权的期限为 20 年，实用新型专利权和外观设计专利权的期限为 10 年，都是自申请日起计算。

二、专利权的终止

专利权的终止，是指专利权因保护期限届满或者在保护期限届满前因法律规定的某种原因而失去效力，即专利权可因期限届满的自然原因而终止；也可因法律规定的其他原因而终止。专利法规定，没有按照规定缴纳年费的、专利权人以书面声明放弃其专利权的，专利权在期限届满前终止。若专利权在期限届满前终止的，由国务院专利行政部门登记和公告。

三、专利权的无效

专利权的无效，是指对已经授予的专利权，因不符合专利法的有关规定，由有关单位或者个人请求专利复审委员会宣告其不具有法律约束力。

专利法规定，自国务院专利行政部门公告授予专利权之日起，任何单位或者个人认为该专利权的授予不符合本法有关规定的，可以请求专利复审委员会宣告该专利权无效。专利无效宣告程序是为了纠正专利授权中的失误，对专利授权行为进行监督。

（一）无效宣告的事由

请求宣告专利无效的事由主要有：

1. 被授予专利权的发明和实用新型不具备新颖性、创造性和实用性，或者被授予专利权的外观设计不具备新颖性和独创性。

2. 被授予专利权的发明创造不是专利法所称的发明、实用新型和外观设计。

3. 被授予专利权的发明创造是违反国家法律、社会公德或者妨害公共利益的；被授予专利权的发明创造是违反法律、行政法规的规定获取或利用遗传资源，并依赖于该遗传资源完成的。

4. 被授予专利权的发明创造属于不应授予专利权的客体，即科学发现、智力活动的规则等。

5. 同样的发明创造被授予两项以上的专利；对同样的发明创造，后一申请人取得了专利权。

6. 说明书对发明或者实用新型未作出清楚、完整的说明，或权利要求书请求保护的范围超出说明书的内容。

7. 对发明和实用新型专利申请文件的修改超出原说明书和权利要求书

记载的范围，对外观设计专利申请文件的修改超出原图片或照片表示的范围。

请求宣告专利无效的事由仅限于客体方面的原因，而不包括主体方面的事由，因此，若专利权无效宣告请求书的内容不符合上述所列的理由，则专利复审委员会不予受理。

（二）无效的宣告程序

有权申请专利权无效的主体为任何单位或者个人，其既可以请求宣告专利权全部无效，也可以请求宣告专利权部分无效。申请时，应当向专利复审委员会提交专利权无效宣告请求书和必要的证据一式两份。专利权无效宣告请求书应当结合提交的所有证据，具体说明无效宣告请求的理由，并指明每项理由所依据的证据。该申请可以撤回，但是应在专利复审委员会对无效宣告的请求作出决定前。专利权无效宣告请求书不符合规定格式的，请求人应在专利复审委员会指定的期限内补正，逾期未补正的，该请求视为未提出。

专利复审委员会经过审查，若申请文件符合法定形式则予以受理。

在下列情况下，专利复审委员会不予受理：在专利复审委员会就无效宣告请求作出决定之后，又以同样的理由和证据请求无效宣告的；以权利冲突为由请求宣告外观设计专利权无效，但是未提交相关的证据的；专利权无效宣告请求书中未说明所依据的事实和理由的；在已提出的撤销专利请求书尚未作出决定前又请求无效宣告的。

在专利复审委员会受理后，请求人可以在提出无效宣告请求之日起1个月内增加理由或者补充证据；但若逾期增加理由或者补充证据的，专利复审委员会可以不予考虑。

专利复审委员会应当将专利权无效宣告请求书和有关文件的副本送交专利权人，要求其在指定的期限内陈述意见。专利权人和无效宣告请求人应当在指定期限内进行答复；期满未答复的，不影响专利复审委员会审理。

在审查过程中，发明或者实用新型的专利权人可以修改其权利要求书，但是不得扩大原专利的保护范围，也不得修改专利说明书和附图；外观设计专利的专利权人不得修改图片、照片和简要说明。

专利复审委员会对宣告专利权无效的请求进行审查后，确认确实属于专利权无效的事由的应作出决定，宣告该专利无效或者部分无效；若理由不能成立的，应作出维持该专利权的决定。宣告专利权无效的决定，由国务院专利行政部门登记和公告。

若当事人对于专利复审委员会的决定不服的，可以在收到通知之日起3个月内向人民法院起诉，由人民法院依法定程序依法裁判。

（三）无效宣告的法律后果

无效宣告的法律后果可以从以下几个方面进行展开：

1. 专利权一旦被宣告无效，即对于所有人都具有约束力。任何人都可以自由地实施该项发明创造而不侵权。

2. 被宣告无效的专利权视为自始不存在，即专利权无效具有溯及力，但存在例外情况。

不具有追溯力的三种情形为：在宣告专利权无效前人民法院作出并已执行的专利侵权的判决书、调解书；已经履行或者强制执行的专利权侵权纠纷处理决定；已经履行的专利权实施许可合同和专利权转让合同。

不具有溯及力情况下还存在两种特殊情况：第一，因专利权人的恶意给他人造成的损失，应当给予赔偿。第二，依上述规定不返还专利权侵权赔偿金、专利使用费、专利权转让费，明显违反公平原则的，应当全部或者部分返还。

专利复审委员会作出维持专利权的决定，具有一事不再理的效力。任何人不得就同一事实和理由再次申请宣告专利权无效。

【风险提示】

专利权保护期限的起算时间为申请日，而非授予权利之日。申请专利无效时，必须先向专利复审委员会申请专利无效，被驳回后，才能向法院提起诉讼。

【相关案例】

上海优周电子科技有限公司与深圳市精华隆安防设备有限公司侵害实用新型专利权纠纷案

2009年5月25日，深圳市精华隆安防设备有限公司（以下简称精华隆公司）向国家知识产权局申请了一种名称为“红外线探测器支架”的实用新型专利，并于2010年2月3日获得公告授权，专利号为zl200920131979.0，专利权人为精华隆公司。一审法院当庭比对涉案专利技术特征与被诉侵权产品技术特征，被诉侵权产品落入本案专利权的保护范围。上海优周电子科技有限公司（以下简称优周公司）对此不持异议。

一审法院认为该案属于侵害实用新型专利权纠纷，主要焦点为：(1) 精华隆公司通过公证程序购买到被诉侵权产品，优周公司当庭确认该侵权产品外包装盒上所记载的“图+优周科技”以及公司名称、地址、电话、传真、网址等优周公司信息，案外人张某某当庭作证确认其销售了被诉侵权产品，并称该侵权产品来源于优周公司，精华隆公司网页公证书也证明张某某系优周公司深圳销售商，故优周公司构成销售侵权。(2) 优周公司提交的《中国公开安全杂志》(节选)，公开日早于涉案专利申请日，但该产品图片缺少涉案专利“倒角、插接部一端倒角、球头空间铰设方式”等技术特征，与涉案专利既不相同也没有实质性近似，其现有技术抗辩不成立。优周公司不服一审判决提起上诉，二审法院判决驳回上诉，维持原判。优周公司申请再审，最高人民法院认为，二审判决在涉案专利权被宣告无效之前已经执行，根据专利法第47条第2款之规定，无效决定对本案二审判决不具有追溯力，对优周公司的再审申请不应予以支持。但是，鉴于涉案专利权已经无效，该专利的技术方案已经进入社会公有领域，任何单位和个人实施该技术方案，即制造、使用、许诺销售、销售、进口涉案专利产品都不构成侵权，精华隆公司无权制止。

【法条指引】

中华人民共和国专利法（节录）

第四十二条 发明专利权的期限为二十年，实用新型专利权和外观设计专利权的期限为十年，均自申请日起计算。

第四十三条 专利权人应当自被授予专利权的当年开始缴纳年费。

第四十四条 有下列情形之一的，专利权在期限届满前终止：

（一）没有按照规定缴纳年费的；

（二）专利权人以书面声明放弃其专利权的。

专利权在期限届满前终止的，由国务院专利行政部门登记和公告。

第四十五条 自国务院专利行政部门公告授予专利权之日起，任何单位或者个人认为该专利权的授予不符合本法有关规定的，可以请求专利复审委员会宣告该专利权无效。

第四十六条 专利复审委员会对宣告专利权无效的请求应当及时审查和作出决定，并通知请求人和专利权人。宣告专利权无效的决定，由国务院专利行政部门登记和公告。

对专利复审委员会宣告专利权无效或者维持专利权的决定不服的，可以自收到通知之日起三个月内向人民法院起诉。人民法院应当通知无效宣告请求程序的对方当事人作为第三人参加诉讼。

第四十七条 宣告无效的专利权视为自始即不存在。

宣告专利权无效的决定，对在宣告专利权无效前人民法院作出并已执行的专利侵权的判决、调解书，已经履行或者强制执行的专利侵权纠纷处理决定，以及已经履行的专利实施许可合同和专利权转让合同，不具有追溯力。但是因专利权人的恶意给他人造成的损失，应当给予赔偿。

依照前款规定不返还专利侵权赔偿金、专利使用费、专利权转让费，明显违反公平原则的，应当全部或者部分返还。

第六节 专利权的利用

【规则要点】

专利权是一种财产权，权利人有权在不违反法律规定的前提下，自行进行许可、转让和质押，从而为权利人带来经济利益。

【理解与适用】

一、专利的实施许可

专利的实施许可，是指专利权人或者其授权的人通过签订合同的方式许可他人在一定的范围内实施专利并获得一定的报酬的行为。专利法规定，任何单位或者个人实施他人专利的，应当与专利权人订立实施许可合同，向专利权人支付专利使用费。被许可人无权允许合同规定以外的任何单位或者个人实施该专利。专利法实施细则规定，专利实施许可合同应当自合同生效之日起3个月内向国务院专利行政部门备案。

具体来说实施许可主要有以下几种类型：

独占实施许可，是指被许可方在约定的时间和地点内对被许可的专利享有独占使用权，包括许可人在内的任何人都不得在上述范围内实施该专利，许可人在该范围内也不得将专利允许他人使用。需要注意的是，独占许可合同的订立不得影响国家按照专利法的规定实施指定许可。

排他实施许可，是指专利权人在约定的时间和地域范围内，将该专利权仅许可一个人实施，不得对第三人许可实施专利，同时专利权人也有权实施该专利。

普通实施许可，是指专利权人在约定许可的范围内许可一人或者多人实施该专利，同时自己也可以实施。如果当事人对专利实施许可方式没有约定或约定不明确的，根据《最高人民法院关于审理技术合同纠纷案件适用法律若干问题的解释》的规定，该许可为普通实施许可。同时专利实施许可合同约定受让人可以再许可他人实施专利的，认定为该再许可为普通实施许可，但是当事人另有约定的除外。

交叉实施许可，是指合同双方都以互惠条件许可对方实施自己的专利，双方互为许可方和被许可方。

二、专利权转让

专利权转让，是指专利权人将其专利权转让给受让人所有，受让人支付一定的报酬成为新的权利人，专利权转让的后果是权利主体的变化。专利权的转让应采取书面合同的形式，并要履行一定的手续。转让专利申请权或者专利权，当事人应当订立书面合同，并向国务院专利行政部门登记，由国务院专利行政部门予以公告。若向外国人、外国企业或者外国其他组织转让专利申请权或者专利权的，应当依照有关法律、行政法规的规定办理手续。专利申请权或者专利权的转让自登记之日起生效。

三、专利权质押

专利权可以出质。专利权出质后，出质人不得转让或者许可他人使用，但是经过出质人与质权人协商同意的除外。出质人转让专利权或者许可他人实施专利所得的价款，应当向质权人提前清偿债务或者提存。以专利权出质的，当事人应当订立书面合同，由出质人和质权人向国家知识产权局登记，质权自出质登记之日起生效。

【风险提示】

专利权在实施许可、转让、质押等流通时，一定要订立书面合同。

【相关案例】

联塑（杭州）机械有限公司等不服国家知识产权局作出手续合格通知书案

2008年6月23日，原告联塑（杭州）机械有限公司（以下简称联塑公司）以及陆某某向被告国家知识产权局提出涉案专利申请，并要求行使实用新型专利优先权，该在先专利申请的申请人为联塑公司和韩某某，二者同时提交了优先权转让证明。2009年1月16日，被告作出视为未要求本国优先权通知书，原因是提交的优先权转让证明未经在先申请的全体申请人签字或者盖章。2009年1月19日，联塑公司和陆某某提交著录项目变更申报书及专利申请权转让协议书，请求将申请人由联塑公司和陆某某变更为联塑公司、陆某某和韩某某，同时提交了专利申请权转让协议书。2009年2月18日，联塑公司和陆某某提出恢复优先权申请，并提交了经在先申请的全体申请人签字和盖章的优先权转让证明。同时，再次提交了将申请人由联塑公司和陆某某变更为联塑公司、陆某某和韩某某的著录项目变更申报书。2009年3月13日，被告经审查作出优先权恢复请求审批决定，同意恢复优先权。同时，被告作出被诉通知书。2009年12月7日，原告联塑公司和陆某某不服被诉通知书，向被告提起行政复议。被告经审查，作出行政复议决定，维持了被诉通知书。原告联塑公司和陆某某仍不服被诉通知书，诉至法院。

一审法院认为，涉案专利申请权的转让人之一联塑公司为中国大陆的单位，而受让人之一韩某某为中国台湾地区的个人。因此，涉案专利申请权在转让之前须取得相关行政部门的技术出口审批文件。在缺乏技术出口审批文件的情形下，被告核准涉案专利申请权的转让显然违反了上述法律规定。另外，优先权转让与专利申请权转让分属不同的程序，优先权之转让情形不影响有关本案被诉通知书的合法性审查。综上，被诉通知书适用法律法规错误，处理结论有误，法院依法应予撤销。原告的诉讼请求具有事实及法律依据，法院应予支持。

【法条指引】

中华人民共和国专利法（节录）

第十条 专利申请权和专利权可以转让。

中国单位或者个人向外国人、外国企业或者外国其他组织转让专利申请权或者专利权的，应当依照有关法律、行政法规的规定办理手续。

转让专利申请权或者专利权的，当事人应当订立书面合同，并向国务院专利行政部门登记，由国务院专利行政部门予以公告。专利申请权或者专利权的转让自登记之日起生效。

第十二条 任何单位或者个人实施他人专利的，应当与专利权人订立实施许可合同，向专利权人支付专利使用费。被许可人无权允许合同规定以外的任何单位或者个人实施该专利。

中华人民共和国专利法实施细则（节录）

第十四条 除依照专利法第十条规定转让专利权外，专利权因其他事由发生转移的，当事人应当凭有关证明文件或者法律文书向国务院专利行政部门办理专利权转移手续。

专利权人与他人订立的专利实施许可合同，应当自合同生效之日起3个月内向国务院专利行政部门备案。

以专利权出质的，由出质人和质权人共同向国务院专利行政部门办理出质登记。

第七节　专利权的保护

【规则要点】

对于发明和实用新型的保护来说，主要参照权利要求书。外观设计专利权的保护范围是以表示在图片或者照片中的该产品的外观设计为准。认定行为人是否侵权时，要综合主观和客观两方面进行判断；被认定侵权时，侵权人根据不同的侵权情节要承担相应的民事责任、行政责任、刑事责任等。

【理解与适用】

一、专利权保护范围

（一）发明和实用新型专利权的保护范围

对于发明和实用新型，保护范围以其权利要求的内容为准，说明书及其附图可以用于解释权利要求。

我们可以从以下两个方面对该范围进行理解：

首先，以权利要求书记载的为准，即说明书没有记载的，或者在权利要求书中没有明确写明权利人希望得到保护的权利的范围，即使有类似的体现，也不能受到保护。

其次，权利要求书对权利保护的范围作出了简单的描述，详细的内容在说明书和附图上，因此，若对权利保护的理解发生争议则可依据说明书和附图进行说明。但《最高人民法院关于审理侵犯专利权纠纷案件应用法律若干问题的解释》明确规定：对于仅在说明书或者附图中描述而在权利要求中未记载的技术方案，权利人在侵犯专利权纠纷案件中将其纳入专利权保护范围的，人民法院不予支持。

（二）外观设计专利权的保护范围

外观设计专利权的保护范围是以表示在图片或者照片中的该产品的外观设计为准，简要说明可以对其进行解释。

在确定外观设计专利权的保护范围时，首先应确定此种产品是否为外观设计专利产品。根据最高人民法院的司法解释可知，在与外观设计专利产品相同或者相近种类产品上，采用与授权外观设计相同或者近似的外观设计的，则落入外观设计专利权的保护范围，该行为即构成侵权。“产品种类相同或者相似”的认定要以外观设计产品的用途为依据，以外观设计的整体视觉效果进行综合判断。

二、专利权侵权行为

专利权侵权行为，是指未经专利权人许可，也无法定事由的情况下，以营利为目的擅自实施他人专利的行为。

专利侵权行为的构成必须满足一定的条件：

（一）被侵权的专利必须是合法有效的中国专利

合法有效的专利才能受到法律的保护，实施专利申请以前的技术、被宣告无效、专利权期限届满或者专利权人有效放弃专利权的技术，不属于侵权行为。中国专利是指由国务院行政专利部门经法定程序审查授予的专利，其他国家和地区的专利在中国境内不受保护。

（二）必须有侵权行为

侵权行为，是指客观上未经许可实施了他人的专利从而对他人构成侵权的行为。对产品专利来说，主要是指未经许可以生产经营为目的制造、使用、许诺销售、销售以及进口该专利产品；对方法专利来说，主要是指使用该专利方法以及使用、销售、进口依该方法直接获得的产品；对外观设计来说，主要是指制造、销售、进口使用或者被视为使用该外观设计的产品的行为。除此之外，在专利权转让、许可等情况下，受让人超越约定权限范围实施许可以及假冒专利的行为都构成对他人专利权的侵犯。

（三）主观故意过错不是判断行为人是否侵权的标准

我国对于侵犯知识产权的行为采取无过错的归责原则，即不管行为人主观上是否存在过错，只要实施了侵权行为，就应当承担相应的责任。

三、专利权侵权责任

因侵犯他人专利权而引起纠纷，由当事人协商解决；不愿协商或者协商不成的，专利权人或者利害关系人可以向人民法院起诉，也可以请求管理专利工作的部门处理。

（一）行政责任

当事人请求管理专利工作的部门处理时，该部门经调查认为行为人的行为构成侵权时，可以责令侵权人立即停止侵权行为；假冒专利的，除依法承担民事责任外，由管理专利工作的部门责令改正并予公告，没收违法所得，可以并处违法所得4倍以下的罚款；没有违法所得的，可以处20万元以下的罚款。

（二）民事责任

侵犯专利权而承担民事责任的方式主要有停止侵害和赔偿损失两种。停止侵权的具体做法是停止继续生产使用侵犯专利的行为，该行为能直接、有效地防止侵权。赔偿损失的数额应按下列顺序进行：权利人因被侵权所受到的实际损失；实际损失难以确定的，可以按照侵权人因侵权所获得的利益确定。权利人的损失或者侵权人获得的利益难以确定的，参照该专利许可使用费的倍数合理确定。赔偿数额还应当包括权利人为制止侵权行为所支付的合理开支。权利人的损失、侵权人获得的利益和专利许可使用费均难以确定的，人民法院可以根据专利权的类型、侵权行为的性质和情节等因素，确定给予1万元以上100万元以下的赔偿。

（三）刑事责任

刑法规定，假冒他人专利，情节严重的，处3年以下有期徒刑或者拘役，并处或者单处罚金。

根据有关司法解释规定，“情节严重”是指以下情节：

1. 非法经营数额在20万元以上或者违法所得数额在10万元以上的；

2. 给专利权人造成直接经济损失50万元以上的；

3. 假冒两项以上他人专利，非法经营数额在10万元以上或者违法所得数额在5万元以上的；

4. 其他情节严重的情形。

但是，在个案中，即使行为人的行为构成侵权，但基于国家利益、公共利益的考量，人民法院可以不判令被告停止被诉行为，而判令其支付相应的合理费用。

【风险提示】

法律对于产品专利和方法专利的保护内容不同，要区别对待。

【相关案例】

高仪股份公司诉浙江健龙卫浴有限公司侵害外观设计专利权纠纷案

高仪股份公司（以下简称高仪公司）为“手持淋浴喷头（No. A4284410X2）”外观设计专利的权利人，该外观设计专利现合法有效。2012年11月，高仪公司以浙江健龙卫浴有限公司（以下简称健龙公司）生产、销售和许诺销售的丽雅系列等卫浴产品侵害其“手持淋浴喷头”外观设计专利权为由提起诉讼，请求法院判令健龙公司立即停止被诉侵权行为，销毁库存的侵权产品及专用于生产侵权产品的模具，并赔偿高仪公司经济损失20万元。经一审庭审比对，健龙公司被诉侵权产品与高仪公司涉案外观设计专利的相同之处为：二者属于同类产品，从整体上看，二者均是由喷头头部和手柄两个部分组成，被诉侵权产品头部出水面的形状与涉案专利相同，均表现为出水孔呈放射状分布在两端圆、中间长方形的区域内，边缘呈圆弧状。两者的不同之处为：(1) 被诉侵权产品的喷头头部四周为斜面，从背面向出水口倾斜，而涉案专利主视图及左视图中显示其喷头头部四周为圆弧面；(2) 被诉侵权产品头部的出水面与面板间仅由一条线条分隔，涉案专利头部的出水面与面板间由两条线条构成的带状分隔；(3) 被诉侵权产品头部出水面的出水孔分布方式与涉案专利略有不同；(4) 涉案专利的手柄上有长椭圆形的开关设计，被诉侵权产品没有；(5) 涉案专利中头部与手柄的连接虽然有一定的斜角，但角度很小，几乎为直线形连接，被诉侵权产品头部与手柄的连接产生的斜角角度较大；(6) 从涉案专利的仰视图看，手柄底部为圆形，被诉侵权产品仰视的底部为曲面扇形，涉案专利手柄下端为圆柱体，向与头部连接处方向逐步收缩压扁呈扁椭圆体，被诉侵权产品的手柄下端为扇面柱体，且向与喷头连接处过渡均为扇面柱体，过渡中的手柄中段有弧度的突起；(7) 被诉侵权产品的手柄底端有一条弧形的装饰线，将手柄底端与产品的背面连成一体，涉案专利的手柄底端没有这样的设计；(8) 涉案专利头部和手柄的长度比例与被诉侵权产品有所差别，两者的头部与手柄的连接处弧面亦有差别。

该案件经过一审、二审、再审，最高人民法院最终判决驳回高仪公司诉讼请求。生效裁判认为，健龙公司生产、许诺销售、销售的被诉侵权产品外观设计与高仪公司所有的涉案授权外观设计既不相同也不近似，未落入涉案外观设计专利权保护范围，健龙公司生产、许诺销售、销售被诉侵权产品的行为不构成对高仪公司涉案专利权的侵害。

【法条指引】

中华人民共和国专利法（节录）

第六十条 未经专利权人许可，实施其专利，即侵犯其专利权，引起纠纷的，由当事人协商解决；不愿协商或者协商不成的，专利权人或者利害关系人可以向人民法院起诉，也可以请求管理专利工作的部门处理。管理专利工作的部门处理时，认定侵权行为成立的，可以责令侵权人立即停止侵权行为，当事人不服的，可以自收到处理通知之日起十五日内依照《中华人民共和国行政诉讼法》向人民法院起诉；侵权人期满不起诉又不停止侵权行为的，管理专利工作的部门可以申请人民法院强制执行。进行处理的管理专利工作的部门应当事人的请求，可以就侵犯专利权的赔偿数额进行调解；调解不成的，当事人可以依照《中华人民共和国民事诉讼法》向人民法院起诉。

第六十二条 在专利侵权纠纷中，被控侵权人有证据证明其实施的技术或者设计属于现有技术或者现有设计的，不构成侵犯专利权。

第六十三条 假冒专利的，除依法承担民事责任外，由管理专利工作的部门责令改正并予公告，没收违法所得，可以并处违法所得四倍以下的罚款；没有违法所得的，可以处二十万元以下的罚款；构成犯罪的，依法追究刑事责任。

第六十五条 侵犯专利权的赔偿数额按照权利人因被侵权所受到的实际损失确定；实际损失难以确定的，可以按照侵权人因侵权所获得的利益确定。权利人的损失或者侵权人获得的利益难以确定的，参照该专利许可使用费的倍数合理确定。赔偿数额还应当包括权利人为制止侵权行为所支付的合理开支。

权利人的损失、侵权人获得的利益和专利许可使用费均难以确定的，人民法院可以根据专利权的类型、侵权行为的性质和情节等因素，确定给予一万元以上一百万元以下的赔偿。

第六十七条 为了制止专利侵权行为，在证据可能灭失或者以后难以取得的情况下，专利权人或者利害关系人可以在起诉前向人民法院申请保全证据。

人民法院采取保全措施，可以责令申请人提供担保；申请人不提供担保的，驳回申请。

人民法院应当自接受申请之时起四十八小时内作出裁定；裁定采取保全措施的，应当立即执行。

申请人自人民法院采取保全措施之日起十五日内不起诉的，人民法院应当解除该措施。

第六十八条 侵犯专利权的诉讼时效为二年，自专利权人或者利害关系人得知或者应当得知侵权行为之日起计算。

发明专利申请公布后至专利权授予前使用该发明未支付适当使用费的，专利权人要求支付使用费的诉讼时效为二年，自专利权人得知或者应当得知他人使用其发明之日起计算，但是，专利权人于专利权授予之日前即已得知或者应当得知的，自专利权授予之日起计算。

第四章

商标权

第一节　商标的概念和分类

【规则要点】

商标是用来区别一个经营者的服务或者品牌与其他经营者的服务或者品牌。我国法律规定可以成为商标的要素有：文字、图形、字母、数字、三维标志、颜色组合和声音等，以及上述元素的组合。根据不同的标准，可以将商标进行不同的分类，比较重要的分类是集体商标、证明商标、联合商标和防御商标。

【理解与适用】

一、商标的概念

对于商标的概念，TRIPs 这样定义，商标是指任何能够将一个企业的商品或服务区别于另一企业的商品或服务的符号或者符号的组合。《中华人民共和国商标法》规定，任何能够将自然人、法人或者其他组织的商品与他人的商品区别开的标志，包括文字、图形、字母、数字、三维标志、颜色组合和声音等，以及上述要素的组合，均可以作为商标申请注册。申请注册的商标，应当有显著特征，便于识别，并不得与他人在先取得的合法权利相冲突。由此，我们可以看出商标的特征：商标是区别商品或服务来源的标记；商标是用于商品或服务上的标记；商标的构成要素具有显著性。

二、商标的分类

以商标的使用对象为标准，商标可分为商品商标和服务商标。商品商标，是指商品的生产者或者经营者在其生产、制造、加工或者经营的商品上使用的图标，用于识别商品提供者，该种商标的使用对象为商品，是商标最基本的表现形式。服务商标，是指服务项目的经营者在其提供的服务项目上使用的商标，使用对象是服务项目。商品商标和服务商标在注册的原则、使用方式、使用对象、使用领域等方面存在一定的区别。

以商标的构成要素为标准，商标可以分为可视性商标和非可视性商标。商标法规定，可以作为商标的构成要素的有：文字、图形、字母、数字、三维标志、颜色组合和声音等，以及上述要素的组合。可视性商标，是指通过人们的视觉能够观察、感知到的商标。可视性商标的构成要素是可视性的文字、图形、颜色、三维标志及其组合。可视性商标主要有平面商标、立体商标。平面商标包括文字、图形、数字、颜色和组合商标；立体商标主要是指由长、宽、高三维标志组成的立体物标志的商标。非可视性商标，主要是指能被视觉之外的听觉、味觉感受到的商标。在我国，声音可以作为商标，但是味觉不能作为商标。

以商标的使用目的为标准，商标可以分为集体商标、证明商标、联合商标和防御商标。集体商标，是指以团体、协会或者其他组织的名义注册，供该组织成员在商事活动中使用的以表明使用者是该组织的成员。集体商标的所有权属于集体组织，并且不得转让。证明商标又称保证商标，是指由对某种商品或者服务具有监督能力的组织所控制，而由该组织以外的个人或者单位使用于其产品或者服务，用以证明其来源、制造方法、原料、质量或者其他特定品质的标记。证明商标的目的在于证明其商品或者服务达到某种特定的标准。联合商标，是指同一个商标所有人在相同或类似的商品上注册若干个近似商标，其中一个被指定为主商标，是实际使用的商标，其余为联合商标，主要是为了防止他人使用和注册近似商标。联合商标可以由商标申请人分批次注册，但是不能单独转让或者许可。另外，使用了联合商标中的一个，就可以认为整个联合商标都是商标法意义上的使用。防御商标，是指驰名商标的所有人在不同类别的商品上注册了同一个商标，最先使用的商品上的是正商标，在其他商品上使用的为防御商标。防御商标的目的在于保护驰名商标。

除此之外，商标还可以分为注册商标与未注册商标、普通商标和驰名商标等。

【风险提示】

驰名商标的商标权并不能自然获得，也需要根据条件进行申请，法律对于申请商标权的驰名商标的保护力度强于未申请商标权的驰名商标。

【相关案例】

珠海格力电器股份有限公司诉广东美的制冷设备有限公司、珠海市泰锋电业有限公司侵害商标权及不正当竞争纠纷案

珠海格力电器股份有限公司（以下简称格力公司）于2010年2月8日申请注册“五谷丰登”商标，2011年4月21日获得核准注册，注册号为第8059133号，核定使用商品为包括空气调节装置等在内的第11类商品。格力公司于2013年年底与相关公司签订《供货合同》及《采购合同》，生产、销售使用“五谷丰登”商标的空调器产品。

2011年11月8日、2013年1月16日，格力公司分别在珠海市泰锋电业有限公司（以下简称泰锋公司）、苏宁电器通过公证的方式购买了广东美的制冷设备有限公司（以下简称美的公司）生产的空调三套，其中该空调器室内机贴有“五谷丰登”标识，面板正面中心位置贴有“美的Midea”商标；并附有“家电下乡产品说明”“家电下乡中标产品”等资料。美的公司在“美的集团官方网站”的“家电下乡产品专区”中展示有副品牌名称为“五谷丰登”空调器产品共19款。

格力公司于2013年11月8日向法院起诉，认为美的公司在相同商品上使用与其注册商标相同的标识，侵犯了格力公司的商标权。一审法院经

审理，认为美的公司在相同的商品上使用了与格力公司涉案注册商标相同的标识，侵犯了格力公司涉案注册商标专用权。宣判后，美的公司不服，提起上诉，二审法院认为美的公司在被诉侵权产品上使用“五谷丰登”标识，客观上起到了指示商品来源的作用，应认定为商标法意义上的使用；美的公司在相同商品上使用与格力公司涉案注册商标相近似的标识，侵害了格力公司注册商标权，应承担相应的侵权责任。

【法条指引】

中华人民共和国商标法（节录）

第三条 经商标局核准注册的商标为注册商标，包括商品商标、服务商标和集体商标、证明商标；商标注册人享有商标专用权，受法律保护。

本法所称集体商标，是指以团体、协会或者其他组织名义注册，供该组织成员在商事活动中使用，以表明使用者在该组织中的成员资格的标志。

本法所称证明商标，是指由对某种商品或者服务具有监督能力的组织所控制，而由该组织以外的单位或者个人使用于其商品或者服务，用以证明该商品或者服务的原产地、原料、制造方法、质量或者其他特定品质的标志。

集体商标、证明商标注册和管理的特殊事项，由国务院工商行政管理部门规定。

第八条 任何能够将自然人、法人或者其他组织的商品与他人的商品区别开的可视性标志，包括文字、图形、字母、数字、三维标志和颜色组合，以及上述要素的组合，均可以作为商标申请注册。

第二节 商标权的内容

【规则要点】

商标权的内容的核心是商标的专有使用权，商标权人只能在被核定的商品或者服务上使用该商标，不得随意扩大使用范围；商标权利人有权禁止他人使用自己已经合法取得的商标；商标权人还可以将商标权转让或者许可他人使用，以获得经济效益。

【理解与适用】

一、专有使用权

专有使用权，是指商标权人对在核定的商品或者服务上使用其注册商标的权利，该权利也是商标权的核心内容。商标法规定，注册商标的专用权，以核准注册的商标和核定使用的商品或服务为限，商标权人不得扩大商标的使用范围。

专有使用权有两方面的含义：只有经法律允许的商标权人可以使用该注册商标；商标权人只能在法律允许的范围内使用。

二、禁止权

商标权人在专有使用其注册商标之时，还有权禁止他人擅自使用。商标法规定，商标注册权人有权禁止他人未经许可在同一种商品或者类似商品上使用与其注册商标相同或近似的商标。商标禁止权的范围是权利人有权禁止他人擅自将与注册商标相同或相近的商标用于相同或者相近的产品上，此规定能够更好地保护商标权人和消费者的权利。如果未经许可直接使用，商标权人有权禁止，还可以通过行政主管部门或者法院寻求法律的保护。

三、使用许可权

使用许可权，是指商标权人通过签订许可合同，许可他人使用其注册商标的权利，一般该行为不会排斥商标所有权人自己行使权利。

四、转让权

转让权，是指商标权人依法享有的将其注册商标依法定程序和条件转让给他人的权利。商标注册人可将在法定期限内对其注册商标享有的法律保护的权利转让给他人。

五、标示权

商标注册人使用注册商标，有权标明“注册商标”字样或者注册标记。在商品上不便标明的，可以在商品包装或者说明书以及其他附着物上标明。

【相关案例】

天长市天鑫混凝土外加剂有限公司与来安县华为建材化工有限公司商标使用许可合同纠纷案

2010年5月1日，来安县华为建材化工有限公司（以下简称华为建材公司）与天长市天鑫混凝土外加剂有限公司（以下简称天鑫公司）就天鑫公司使用华为建材公司“华巍”商标签订合同，约定：一、天鑫公司每年付给华为建材公司10万元作为商标费用。二、在使用期间，天鑫公司不得将商标转让给其他企业使用，如转让行为被华为建材公司发现，天鑫公司将被罚款20万元给华为建材公司作为补偿，有效期为3年。三、双方必须严格执行本合同条款，不得毁约，后果自负。

原审法院另查明：华为建材公司于2006年2月24日成立，法定代表人为潘某某。天鑫公司于2010年7月9日成立，潘某某为天鑫公司股东，并被天鑫公司股东会聘任为公司经理，主持公司的生产经营管理工作。2013年1月13日，潘某某与陈某某签订《股权转让协议》，潘某某将其持有的天鑫公司28%的股权转让给陈某某，天鑫公司经理亦变更为陈某某。2013年1月13日，潘某某与陈某某就股权转让及公司债权如何主张、款项如何支付等达成相关协议，该协议中未包含涉案商标使用费款项。潘某某作为天鑫公司经理期间，天鑫公司与盱眙荣达建材有限公司、扬州恒盛混凝土有限公司、扬州运东建筑材料有限公司等签订的《工矿产品购销合同》中载明的牌号商标为“华巍”。

华为建材公司将其注册的“华巍”商标许可天鑫公司使用，天鑫公司理应按照约定支付相应的商标使用费。涉案合同约定，天鑫公司每年付给华为建材公司10万元商标费用，合同有效期为3年。故华为建材公司请求天鑫公司支付30万元商标使用费。天鑫公司不服原审法院的判决，提起上诉，二审法院经审理对于一审判决的此项内容予以支持。

【法条指引】

中华人民共和国商标法（节录）

第四十二条 转让注册商标的，转让人和受让人应当签订转让协议，并共同向商标局提出申请。受让人应当保证使用该注册商标的商品质量。

转让注册商标的，商标注册人对其在同一种商品上注册的近似的商标，或者在类似商品上注册的相同或者近似的商标，应当一并转让。

对容易导致混淆或者有其他不良影响的转让，商标局不予核准，书面通知申请人并说明理由。

转让注册商标经核准后，予以公告。受让人自公告之日起享有商标专用权。

第四十三条 商标注册人可以通过签订商标使用许可合同，许可他人使用其注册商标。许可人应当监督被许可人使用其注册商标的商品质量。被许可人应当保证使用该注册商标的商品质量。

经许可使用他人注册商标的，必须在使用该注册商标的商品上标明被许可人的名称和商品产地。

许可他人使用其注册商标的，许可人应当将其商标使用许可报商标局备案，由商标局公告。商标使用许可未经备案不得对抗善意第三人。

第三节 商标权的取得

【规则要点】

商标权作为民事权利的一种，取得方式包括原始取得和继受取得两种。对原始取得，我国采用注册取得和先申请原则，注册时，要符合法律规定的要件；对继受取得，主要有继承和通过转让合同两种方式取得。

【理解与适用】

一、商标权取得的方式

商标权的取得方式包括原始取得和继受取得两种方式。

（一）原始取得

对于商标权的原始取得，国外普遍采用三项原则：使用取得原则、注册取得原则、混合取得原则。我国商标法采取注册取得原则与先申请原则。商标法规定，两个或者两个以上的商标注册申请人，在同一种商品或者类似的商品上，以相同或者近似的商标申请注册的，初步审定并公告申请在先的商标；同一天申请的，初步审定公告使用在先的商标，驳回其他人的申请，不予公告。

（二）继受取得

继受取得，是指商标所有人在原来商标权的基础上取得商标权，而不是最初的直接获得。继受取得主要有两种方式：一是根据商标权转让合同而取得；二是根据《中华人民共和国继承法》的规定而取得。根据第一种方式取得商标权的，可以是有偿的，也可以是无偿的。根据第二种方式取得商标权的，应按照法定程序由合法继承人继承商标权。

根据商标法的规定，商标权原始取得的，应按照商标的申请注册程序办理；继受取得的，也应办理相应的手续。

二、商标注册的条件

（一）商标具备法定的构成要素

商标的构成要素必须属于下列要素之一或其组合：文字、图形、字母、数字、三维标志、颜色组合和声音等。气味在很多国家可以注册为商标，但是在我国不能成为商标的注册要素。

（二）具有显著性

商标法规定，申请注册的商标，应当有显著特征，便于识别。商标的基本功能在于它的区别性，使消费者能够将不同的生产者或者经营者提供的商品或者服务区别开来，进而购买商品或者接受服务。商标的显著性一般分为固有显著性和获得显著性，即这种显著性既可以来自商标标识本身的设计，也可以来自商标的使用。固有显著性，是指该标志立意新颖、富有个性，与提供的商品或者服务本身没有直接关系，如联想等商标就具有显著性，可以直接作为商标注册。获得显著性，是指商标实际使用之初并不具有显著性，但是经过长时间的使用，消费者将该商标与特定的商品或服务联系在一起，该商标即因使用而获得显著性。TRIPs 规定，即使有的标记本来不能区分有关商品或服务，成员亦可根据其经过使用而获得的识别性，确认其可否注册。因此缺乏显著性的标志不能作为商标进行注册。

（三）不得使用法律禁止的标志

对于商标注册禁止使用的标志分为绝对禁止使用的标志和相对禁止使用的标志。

绝对禁止使用的标志有：

1. 同中华人民共和国的国家名称、国旗、国徽、国歌、军旗、军徽、军歌、勋章等相同或者近似的，以及同中央国家机关的名称、标志、所在地特定地点的名称或者标志性建筑物的名称、图形相同的。

2. 同外国的国家名称、国旗、国徽、军旗等相同或者近似的，但经该国政府同意的除外。

3. 同政府间国际组织的名称、旗帜、徽记等相同或者近似的，但经该组织同意或者不易误导公众的除外。

4. 与表明实施控制、予以保证的官方标志、检验印记相同或者近似的，但经授权的除外。

5. 同“红十字”“红新月”的名称、标志相同或者近似的。

6. 带有民族歧视性的。

7. 带有欺骗性，容易使公众对商品的质量等特点或者产地产生误认的。

8. 有害于社会主义道德风尚或者有其他不良影响的。

除此之外，对于县级以上行政区划的地名或者公众知晓的外国地名，也不得作为商标。但是，地名具有其他含义或者作为集体商标、证明商标组成部分的除外；已经注册的使用地名的商标继续有效。

相对禁止使用的标志主要有：

1. 仅有本商品的通用名称、图形、型号的，或者仅直接表示商品的质量、主要原料、功能、用途、重量、数量及其他特点的，或者其他缺乏显著特征的。但是前述标志经过使用取得显著特征，并便于识别的，可以作为商标注册。

2. 三维标志一般可以作为商标进行注册，但是当三维标志仅由商品自身的性质产生的形状、为获得技术效果而需有的商品形状或者使商品具有实质性价值的形状时，该三维标志不得注册。

（四）不得与他人注册商标相冲突

他人一旦合法注册商标，就对该商标享有商标专有权，可以禁止他人在相同或近似产品或服务上使用与其商标相同或近似的标志，否则，会损害商标注册人的利益，也会导致消费者混淆。根据《最高人民法院关于审理商标民事纠纷案件适用法律若干问题的解释》的规定，商标是否相同、相似，以及商品或服务是否相同或近似，要以相关公众的一般注意力为标准进行判断。相关公众是指与商标所标识的某类商品或服务有关的消费者和与这些商品或服务的营销有密切关系的其他经营者。相同商品（服务），是指两种商品（服务）的通用名称、主要用途和功能、原料或者销售渠道等方面都相同的情形。近似商品（服务），是指两种商品（服务）在上述方面相同，或者相关公众认为其存在特定的联系、容易造成混淆的情形。商标相同是指两个商标在文字、图形或者组合在视觉上基本无差异的情形；商标相似是指两个商标的整体结构相似，容易使相关公众产生误认或者误以为其存在某种联系的情形。

在判断两个商标是否近似时，要以相关公众的注意力为标准；而且要将两个商标进行隔离观察比较，应分别观察后凭记忆进行比较；在隔离观察的情况下，主要比较两个商标的主要部分是否相同。从而判断申请人申请的商标与他人的商标是否一致。

（五）不得与他人的在先权利相冲突

他人的在先合法权利，是指申请人在提出申请前，他人已经依法取得或者依法享有的受法律保护的权利，通常包括著作权、专利权、肖像权、姓名权、名称权以及域名权等。申请注册的商标，不仅不得与他人在先权利相冲突，而且不得与他人已经使用并产生一定影响的未注册商标相冲突。尊重他人的在先合法权利是基于诚实信用原则的考虑。

（六）不得恶意抢注

恶意抢注包括代理人的恶意抢注和对驰名商标的恶意抢注。

在进行商标注册时，申请人可以自行注册，也可以委托代理机构进行注册。代理机构将他人委托注册的商标据为己有、注册到自己名下的行为就是恶意抢注。未经授权的该行为，若被代理人没有提出异议，商标局可以注册；若提出异议，商标局应驳回该注册申请并禁止使用。除了代理人的恶意抢注，还有一种就是驰名商标的恶意抢注，驰名商标因其享有较高的声誉并且为公众所熟知，能产生很大的经济效益，有些人会在他人未注册的情况下将他人的驰名商标抢注，这种行为有违诚实信用原则和公平竞争原则。

三、商标注册的原则

（一）自愿注册原则

自愿注册原则，是指商标所有人有权按照自己的意愿决定是否注册商标，注册后的商标受到法律保护，商标权人享有商标权。

但是，我国还规定一些特殊商品上使用的商标要强行注册，商标法明确规定，法律、行政法规规定必须使用注册商标的商品，必须申请商标注册，未经核准注册的，不得在市场销售。根据《中华人民共和国商标法实施条例》和国家主管机关的相关规定，强制注册商标的商品主要有：人类药品，包括西药、中成药（包括药酒）、化学原料及其制剂、抗生素、生化药品、放射性药品、血清疫苗、血液制品和诊断药品；还有烟草制品，主要是指卷烟、雪茄烟、有包装的烟丝。该两类商品与人类的生命健康和国计民生息息相关，故一定要经过注册才能销售，否则可能构成非法经营行为。

（二）申请在先原则

申请在先原则，是指以申请日为依据，受理先申请的注册商标。具体来说，对于两个或两个以上的申请人，在同种或者近似商品上申请相同或近似的商标，受理申请在先的人的申请，驳回后一申请；若是同一天申请的，初步审定并公告使用在先的商标，驳回其他人的申请，不予公告；对于同日使用或者均未使用的，申请人可以自收到商标局通知之日起30日内自行协商，但是需要将书面协议报送商标局，若当事人之间不愿协商或者协商不成的，商标局通知各申请人以抽签的方式确定一个申请人，驳回其他人的注册申请。商标局已经通知但申请人未参加抽签的，视为放弃申请，商标局应当书面通知未参加抽签的申请人。

对于申请日的确定，要根据不同的申请方式进行区分：当事人向商标局或者商标评审委员会提交文件或者材料的日期，直接递交的，以递交日为准；邮寄的，以寄出的邮戳日为准；邮戳日不清晰或者没有邮戳的，以实际收到日为准，但是当事人能够提出实际邮戳日证据的除外。通过邮政企业以外的快递企业递交的，以快递企业收寄日为准；收寄日不明确的，以实际收到日为准，但是当事人能够提出实际收寄日证据的除外。对于以数据电文方式提交的，以进入商标局或者商标评审委员会电子系统的日期为准。至于提交内容，通过书面方式提交的，提交内容以商标局或者商标评审委员会所存档案记录为准；以数据电文方式提交的，以商标局或者商标评审委员会数据库记录为准，但是当事人确有证据证明商标局或者商标评审委员会档案、数据库记录有错误的除外。

(三) 优先权原则

优先权原则是《巴黎公约》规定保护工业产权的一项重要原则，我国商标法也规定了该原则，并区分为国内优先权和国际优先权。

国际优先权，是指商标注册申请人自其商标在外国第一次提出商标注册申请之日起6个月内，又在中国就相同商品以同一商标提出商标注册申请的，依照该外国同中国签订的协议或者共同参加的国际条约，或者按照相互承认优先权的原则，可以享有优先权。

据此，享有国际优先权的条件有：申请人在外国第一次提出商标注册申请之后又向国内提出；两次提出的时间间隔为6个月以内；两次申请的主题相同，即两次申请的都是使用在相同商品上的相同商标；申请商标的两个国家都承认优先权。

申请人要求优先权的，还应当履行一定的手续：在提出商标注册申请的时候提出书面声明，并且在3个月内提交第一次提出的商标注册申请文件的副本；未提出书面声明或者逾期未提交商标注册申请文件副本的，视为未要求优先权。

国内优先权，是指商标在中国政府主办的或者承认的国际展览会展出的商品上首次使用的，自该商品展出之日起6个月内，该商标的注册申请人可以享有优先权。

要行使优先权，申请人要履行下列手续：在提出商标注册申请的时候提出书面声明，并且在3个月内提交展出其商品的展览会名称、在展出商品上使用该商标的证据、展出日期等证明文件；未提出书面声明或者逾期未提交证明文件的，视为未要求优先权。

（四）诚实信用原则

申请注册和使用商标，应当遵循诚实信用原则。诚实信用原则不仅适用于商标申请人、使用人和利害关系人，还应适用于公众。

基于诚实信用原则，商标法明确规定了几种被法律禁止的不诚信的行为：禁止抢注因业务往来等关系明知他人已在先使用的商标；禁止将他人注册商标或者未注册的驰名商标用作企业字号。

申请商标注册的，可以自行办理，也可以委托商标代理机构办理。商标代理机构也应遵守诚实信用原则，遵守法律、行政法规，按照被代理人的委托办理商标注册申请或者其他商标事宜；对在代理过程中知悉的被代理人的商业秘密，负有保密义务；委托人申请注册的商标可能存在法律规定不得注册情形的，商标代理机构应当明确告知委托人；商标代理机构知道或者应当知道委托人申请注册的商标属于他人在先使用的商标或者不予注册的商标，不得接受其委托；商标代理机构除对其代理服务申请商标注册外，不得申请注册其他商标。

四、商标注册的申请

（一）申请主体

商标申请主体即为商标注册申请人。申请人可以是自然人、法人或其他组织，也可以是外国人。商标法规定，自然人、法人或者其他组织在生产经营活动中，对其商品或者服务需要取得商标专用权的，应当向商标局申请商标注册；对于外国人或者外国企业，若想在中国申请商标注册，应当按其所属国和中国签订的协议或者共同参加的国际条约办理，或者按对等原则办理。同时还要注意的是，外国人或者外国企业申请时要委托依法设立的商标代理机构办理，但是该外国人或者外国企业仅指在中国没有经常居所或者营业所的情况。如果在中国有经常居所或者营业所的，则不必一定委托商标代理机构。商标代理机构在代理他人注册商标时，要遵循诚实信用原则，同时，商标代理机构除对其代理服务申请商标注册外，不得申请注册其他商标，如果机构申请注册或者受让其代理服务以外的其他商标，商标局将不予受理。

（二）申请应提交的文件

申请人应保证申请商标注册所申报的事项和所提供的材料真实、准确、完整。

申请人申请商标注册应提交的文件主要有四类：

1. 有效的身份证明文件。包括申请人的姓名或者名称、地址、邮编、国籍等基本情况，并与营业执照及印章相一致；若是由商标代理人办理的，应提交委托书，委托书应载明代理权限及内容。

2. 申请书。申请人应按照商品和服务的分类表进行申请，每一个商标注册申请都应提交商标局统一制作的《商标注册申请书》，商标注册申请人也可以通过一份申请就多个类别的商品申请注册同一商标，商标为外文或者包含外文的，应当说明其含义。

3. 商标图样。以三维标志申请和颜色组合申请注册商标的，应提供商标图样。

4. 证明文件。包括涉及人用药品以及烟草制品批准生产、销售的批文；有关优先权的证明文件；申请注册集体商标、证明商标的，应在申请书中予以声明并提交使用管理规则；申请报纸、杂志商标的，需要有关主管部门的文件。

五、商标注册申请的审查与核准

申请人向专利局提交了申请文件并缴纳申请费之后，由商标局编定申请号，发给《受理通知书》，该商标申请即进入了商标局的审查程序。商标局应自收到商标注册申请文件之日起 9 个月内审查完毕，若符合商标法的有关规定，则予以初步审定公告。

商标局在审查申请文件时，进行以下审查步骤：

（一）形式审查

形式审查，是指对于申请人提交的申请文件是否齐备、是否符合法律的规定形式进行审查，从而确定是否受理申请。

形式审查的主要内容是：申请人资格以及有关资料；申请人要求是否明确、具体、清楚；代理委托书书写是否合格；商标申请的费用是否缴纳；商标及商标图样是否符合法定要求。

法律对不同的商标构成要素有不同的规定，具体来说主要有以下几类：

1. 以颜色组合或者着色图样申请商标注册的，应当提交着色图样，并提交黑白稿 1 份；不指定颜色的，应当提交黑白图样。商标图样应当清晰，便于粘贴，用光洁耐用的纸张印制或者用照片代替，长和宽应当不大于 10 厘米，不小于 5 厘米。以颜色组合申请商标注册的，应当在申请书中予以声明，说明商标的使用方式。

2. 以三维标志申请商标注册的，应当在申请书中予以声明，说明商标的使用方式，并提交能够确定三维形状的图样，提交的商标图样应当至少包含三面视图。

3. 以声音标志申请商标注册的，应当在申请书中予以声明，提交符合要求的声音样本，对申请注册的声音商标进行描述，说明商标的使用方式。对声音商标进行描述，应当以五线谱或者简谱对申请用作商标的声音加以描述并附加文字说明；无法以五线谱或者简谱描述的，应当以文字加以描述；商标描述与声音样本应当一致。

形式审查的目的主要是确定申请日。若申请手续和申请文件符合法律的规定，商标局同意受理；若不符合要求，则拒绝受理并通知申请人。对于手续齐备但是有些事项需要补正的，商标局通知申请人予以补正，申请人应自收到通知之日起 30 日内，按照指定内容补正并交回商标局。在规定期限内补正并交回商标局的，保留申请日期；期满未补正的或者不按照要求进行补正的，商标局不予受理并书面通知申请人。

（二）实质审查

实质审查是对申请的商标是否具备实质性要件进行的审查，是商标注册申请被批准的关键环节。

（三）初步审定、公告、异议和复审

商标局经过实质审查，认为申请符合商标法的规定的，即予以初步审定并公告。此时的商标尚未注册，也未取得商标专用权。商标局在《商标公告》上将商标、使用的商品或类别、申请人的名称、地址、申请日和初步审定号等信息予以公布。

对于初步审定的商标，自公告之日起 3 个月内，任何人认为存在商标不予注册的理由，都可以向商标局提出异议。异议人应向商标局提交商标

异议书，异议书上应写明被异议商标刊登《商标公告》的期号以及初步审定号，应有明确的请求和事实依据，并附相关证据材料。

商标局应将商标异议材料副本及时送交被异议人，限其自收到商标异议材料副本之日起30日内答辩。被异议人不答辩的，不影响商标局作出决定。当事人需要在提出异议申请或者答辩后补充有关证据材料的，应当在商标异议申请书或者答辩书中声明，并自提交商标异议申请书或者答辩书之日起3个月内提交；期满未提交的，视为当事人放弃补充有关证据材料。但是，在期满后生成或者当事人有其他正当理由未能在期满前提交的证据，在期满后提交的，商标局将证据交对方当事人并质证后可以采信。

对于他人提出的商标异议申请，商标局应听取当事人双方的事实和理由，并在查清事实的基础上作出裁决：

1. 异议申请不成立，商标局准予注册的，发给商标注册证，并予公告。若异议人依然不服的，可以向商标评审委员会请求宣告该注册商标无效。

2. 异议申请成立，不予注册的。被异议人不服，可以自收到通知之日起15日内向商标评审委员会申请复审。商标评审委员会应当自收到申请之日起12个月内作出复审决定，并书面通知异议人和被异议人。有特殊情况需要延长的，经国务院主管部门批准，可以延长6个月。除复审外，被异议人还可以自收到通知之日起30日内向人民法院起诉，人民法院应当通知异议人作为第三人参加诉讼。

（四）核准

初步审定并公告的商标，公告期满无异议或者异议不成立的，由商标局核准注册，将核准注册的商标和核定使用的商品在《商标注册簿》上登记、编号。《商标注册簿》上登记的事项包括：注册号、注册商标、核定商品、商品类别、有效期、注册人名义等，由商标主管机关保存。商标经注册，商标主管机关还要向注册人颁发《商标注册证》。《商标注册证》是申请人获得商标的法律凭证。同时，商标主管机关还要在《商标公告》上刊登注册公告。

【风险提示】

商标权的国内优先权和国外优先权的期限与专利权的优先权有所不

同，要注意区分；商标权的优先权的行使以申请为前提，这也与专利权的优先权有所不同。外国人在中国不能直接申请商标，只能通过中国的商标代理机构进行申请。

【相关案例】

普兰娜生活艺术有限公司与国家工商行政管理总局商标评审委员会商标申请驳回复审行政纠纷案

2010 年 12 月 28 日，普兰娜生活艺术有限公司（以下简称普兰娜公司）向商标局提出第 8996648 号“prana 及图”商标申请注册，指定使用的商品为国际分类第 28 类第 2807、2809 群组“瑜伽砖；瑜伽板；瑜伽带；攀岩用皮带”。

引证商标一为第 8885559 号“prana”商标，核定使用的商品为国际分类第 28 类第 2801—2804、2807、2810 群组，其中仅“滑板”商品属于第 2807 群组。引证商标二为第 g686680 号“prada 及图”商标，核定使用的商品为国际分类第 28 类第 2801—2807、2809—2811 群组“娱乐品；玩具；不属别类的体育及运动用品；圣诞树用装饰品”，引证商标二的权利人普拉达有限公司已出具同意函，同意申请商标在“瑜伽砖；瑜伽板；瑜伽带；攀岩用皮带”商品上的中国注册。

2012 年 3 月 27 日，商标局作出《商标驳回通知书》，认定申请商标与引证商标一、商标二构成近似商标，驳回申请商标的注册申请。普兰娜公司不服，于 2012 年 4 月 16 日向商标评审委员会申请复审。商标评审委员会认定已构成近似商标。普兰娜公司不服被诉决定，向北京市第一中级人民法院提起行政诉讼，一审法院认为，申请商标与引证商标一构成类似商品上的近似商标问题、与引证商标二不构成近似商标。普兰娜公司不服一审判决提起上诉，二审法院认为，申请商标指定使用的“瑜伽砖；瑜伽板；瑜伽带”商品虽然不是《类似商品和服务区分表》中的标准商品，但其与引证商标一核定使用的“滑板”商品在生产部门、消费对象、销售渠道等方面关联密切、存在较大程度的重合，容易使相关公众认为商品是同一主体提供的，或者其提供者之间存在特定联系，构成类似商品。申请商标的显著识别部分与引证商标一在英文字母组成、排列方式和发音上完全相同，虽然二者在字体及商标整体设计上存在细微差异，但并不能达到显著区分的功效。若申请商标与引证商标一共同使用于类似商品上，易使相关公众对商品的来源产生混淆和误认，二者已构成近似商标。因此，驳回上诉，维持原判。

【法条指引】

中华人民共和国商标法（节录）

第二十五条 商标注册申请人自其商标在外国第一次提出商标注册申请之日起六个月内，又在中国就相同商品以同一商标提出商标注册申请的，依照该外国同中国签订的协议或者共同参加的国际条约，或者按照相互承认优先权的原则，可以享有优先权。

依照前款要求优先权的，应当在提出商标注册申请的时候提出书面声明，并且在三个月内提交第一次提出的商标注册申请文件的副本；未提出书面声明或者逾期未提交商标注册申请文件副本的，视为未要求优先权。

第二十六条 商标在中国政府主办的或者承认的国际展览会展出的商品上首次使用的，自该商品展出之日起六个月内，该商标的注册申请人可以享有优先权。

依照前款要求优先权的，应当在提出商标注册申请的时候提出书面声明，并且在三个月内提交展出其商品的展览会名称、在展出商品上使用该商标的证据、展出日期等证明文件；未提出书面声明或者逾期未提交证明文件的，视为未要求优先权。

第四节 商标权的利用

【规则要点】

同著作权、专利权类似，商标权的利用也包括许可、转让、质押的方式，在进行权利流转时，必须按照法律规定流程进行。

【理解与适用】

一、注册商标的使用

商标的使用有多种方式，商标法规定的使用方式主要有：将商标用于商品、商品包装或者容器以及商品交易文书上，或者将商标用于广告宣传、展览以及其他商业活动中，用于识别商品来源。

商标的使用有广义和狭义之分。广义上的使用不仅包括商标所有权人自己使用，还包括许可他人使用；狭义的使用仅指所有权人自己对注册商标的使用。

二、注册商标的使用许可

（一）使用许可的方式

注册商标使用许可，是指注册商标所有权人通过使用许可合同许可他人使用其注册商标。根据《最高人民法院关于审理商标民事纠纷案件适用法律若干问题的解释》的规定，商标的许可方式有3种：独占许可、独家许可和普通许可。

独占许可，是指被许可人在约定的时间、地域范围内以约定的方式在指定的商品使用许可人注册商标，许可人不能将该注册商标许可他人使用，自己亦不能使用，否则构成违约。在商标独占许可诉讼中，他人如果实施了侵犯被许可人商标权的行为，则被许可人可以以自己的名义向法院提起诉讼。

独家许可，是指许可人允许被许可人在约定的时间和地域范围内依许可的方式使用注册商标，许可人不得再许可他人使用该注册商标，但是许可人本人可以使用。与独占许可的区别在于许可人本人是否能够使用该注册商标。在商标权诉讼中，许可人和被许可人可以作为共同原告提起诉讼；如果商标许可人因某种原因不提起诉讼，则独家许可人可单独提起诉讼。

普通许可，是指注册商标许可人不仅有权许可被许可人在约定的时间和地域范围内使用注册商标，还可以允许第三人使用注册商标，除此之外，还可以自己使用。他人侵犯商标权时，被许可人经许可人的明确授权后，可以提起诉讼。

在使用许可中，许可人还负有一定的义务：监督被许可人使用其注册商标的商品质量。被许可人也应当保证使用该注册商标的商品质量。经许可使用他人注册商标的，必须在使用该注册商标的商品上标明被许可人的名称和商品产地。

（二）使用许可合同的内容、备案

1. 内容

注册商标权利人在许可他人使用其注册商标时，双方应签订书面的许可合同。

合同的内容包括：

（1）双方当事人的名称、地址和法定代表人的姓名。被许可人必须是依法成立的企业、事业单位、社会团体、个体工商户、个人合伙以及符合商标法规定的外国人或者外国企业。

（2）许可使用的注册商标的名称、证件号码、使用商品的种类和名称、使用的期限。被许可使用的商标必须与注册商标相一致；被许可使用的商品必须是核准使用的商品；使用的期限不能超过注册商标的专用权的期限。

（3）许可使用商品的质量标准。

（4）许可人监督商品质量的措施。

（5）商品销售价格、销售区域。

（6）商标许可使用费的计算方法和付费方式。

（7）违约责任。

（8）合同发生纠纷后的解决方法，包括协商、调解、仲裁、诉讼等方式。

（9）许可使用的商标被侵权的处理方式。许可人应维护被许可人的使用权，当有侵权行为发生时，许可人应当及时采取有效措施予以制止；被许可人应当协助许可人进行调查。

（10）其他事项。

2. 备案

商标法规定：许可他人使用其注册商标的，许可人应当将其商标使用许可报商标局备案，由商标局公告，商标使用许可未经备案不得对抗善意第三人。商标使用许可合同未经备案的，不影响合同的效力。

备案的具体程序是：自使用许可合同签订之日起 3 个月内，将许可合同副本送交其所在地县级主管部门存查，由许可人报送商标局备案，并由商标局予以公告。商标局对上报合同进行审查，并刊登在《商标公告》上。备案的其他相关内容参照《商标使用许可合同备案办法》。

三、注册商标的转让

（一）注册商标的转让

注册商标的转让，是指商标注册人将其注册商标依法定程序通过转让合同移转给他人的行为。注册商标转让的结果是商标所有权的转移。

商标权转让的程序为：

1. 双方签订注册商标转让协议

转让方与受让方应在意思一致的前提下签订书面合同。合同中明确载明转让的权利内容、转让的期限、转让的对价以及争议解决的方式等必要条款。基于双方明确的权利义务关系，发生纠纷时也有据可查。

2. 双方共同向商标局申请

除签订转让协议外，双方还应共同向商标局交送《转让注册商标申请书》一份，附送原《注册商标证》，并缴纳申请费和注册费。如果转让的是必须要使用注册商标的商品上的商标，即为人用药品或者烟草制品时，受让人还应提供卫生行政部门、烟草主管部门等颁发的相关证明文件；同时，受让人还必须满足商标法规定使用该两类商标的主体资格。

3. 经商标局核准公告

商标局审查确认申请是否符合法律规定的核准内容。主要有：使用注册商标的商品是否是受让人合法生产、经营的商品，转让需要证明文件的商标时，受让人是否提供了相应的证明文件、转让的注册商标是否在限制性规定范围内、注册商标的转让是否会产生误认、混淆或者其他不良影响等。经核准转让商标的，商标局应将《商标注册证》加注发给受让人，并在《商标公告》上予以公告。受让人自公告之日起获得该注册商标，对该商标享有专用权。

4. 不符合规定的，商标局不予转让

经过审查后，商标局认为其转让不符合中国商标法的有关规定，则不予核准，发给《驳回通知书》。申请人若不服的，则可以申请复审。

（二）注册商标转让的限制

法律虽然允许注册商标的转让，但是在转让时也受到一定的限制：

1. 在同一商品或类似商品上使用同一注册商标或者近似商标的，不得分别转让

若分别转让，则会形成两个以上的主体对类似商品上使用相同或者近似的注册商标的局面，会导致消费者的混淆。因此，商标法实施条例规定，转让注册商标，商标注册人对其在同一种或者类似商品上注册的相同或者近似的商标未一并转让的，由商标局通知其限期改正；期满未改正的，视为放弃转让该注册商标的申请，商标局应当书面通知申请人。

2. 已经许可他人使用的商标不得随意转让

已经许可他人使用的商标关系到被许可人利益，若允许许可人随意转让，则会引起许可人和被许可人之间的矛盾，因此，只有许可人事先征求被许可人的同意，才能把注册商标转让给他人。被许可人受让注册商标后，不得无故随意解除双方之间订立的许可使用合同。

3. 集体商标、证明商标一般不得转让

该类商标关系到集体的和被证明群体的利益。《集体商标、证明商标注册和管理办法》第 16 条规定，申请转让集体商标、证明商标的，受让人应当具备相应的主体资格，并符合商标法、实施条例和本办法的规定。

4. 受让人必须保证使用该注册商标的商品或者服务的质量

因商标对于消费者的消费行为有重要的指导作用，因此，商标的受让人应和商标转让人一样保证注册商标或者服务的质量，这也是受让人应尽的义务之一。

5. 共同所有的商标，任何一个共有人不得私自转让商标

商标法第 5 条规定，两个以上的自然人、法人或者其他组织可以共同向商标局申请注册同一商标，共同享有和行使该商标专用权。因此任何共有人之一都不能单独对注册商标行使转让的权利，否则会侵犯其他共有人的利益。

四、商标权的质押

商标权是一项可转让的财产权，根据《中华人民共和国担保法》的有

关规定：依法可以转让的商标专用权可以作为权利质权的标的。出质人和债权人应签订书面合同，并向其管理部门办理出质登记。质权合同自登记之日起生效。

商标权出质后，出质人不得转让或许可他人使用，未经质权人同意而转让或许可他人使用已出质的商标专用权，其转让或出质行为是无效的。但经出质人与商标权人协商同意，可以转让或者许可他人使用的，出质人所得的转让费、许可费应向债权人提前清偿或者提存。

出质人与质权人应签订书面质押合同，质押合同的内容主要包括：出质人和质权人的姓名、名称、地址；质押的原因和目的；出质的商标以及质押的期限；出质商标专用权的价值以及评估报告；当事人约定的与质权有关的其他事项。

根据相关法律的规定，以依法可以转让的商标专用权出质的，出质人与质权人应当于订立书面合同之日起20日内，向国家主管部门办理出质登记。在申请商标权质押登记时，应提交的文件有：《商标专用质押登记申请书》、出质人和质权人的企业营业执照复印件或身份证复印件、质押合同副本、质押商标《商标注册证》复印件、委托代理情况下的委托书、其他应当提交的资料。

出质人不是商标专用权合法所有人的、商标专用权归属不明确的、其他不符合法律法规规定的情况下，登记机关不予登记。登记机关应当于受理登记申请之日起5个工作日内，作出是否予以登记的决定。符合条件的，国家商标局予以登记，发给《商标专用权质权登记证》；不符合有关规定的，不予登记。

【风险提示】

商标权的转让受到一定的限制，并非所有的商标权都是可以转让的。

【法条指引】

中华人民共和国商标法（节录）

第四十二条 转让注册商标的，转让人和受让人应当签订转让协议，并共同向商标局提出申请。受让人应当保证使用该注册商标的商品质量。

转让注册商标的，商标注册人对其在同一种商品上注册的近似的商标，或者在类似商品上注册的相同或者近似的商标，应当一并转让。

对容易导致混淆或者有其他不良影响的转让，商标局不予核准，书面通知申请人并说明理由。

转让注册商标经核准后，予以公告。受让人自公告之日起享有商标专用权。

第四十三条 商标注册人可以通过签订商标使用许可合同，许可他人使用其注册商标。许可人应当监督被许可人使用其注册商标的商品质量。被许可人应当保证使用该注册商标的商品质量。

经许可使用他人注册商标的，必须在使用该注册商标的商品上标明被许可人的名称和商品产地。

许可他人使用其注册商标的，许可人应当将其商标使用许可报商标局备案，由商标局公告。商标使用许可未经备案不得对抗善意第三人。

第五节 商标权的期限、终止、无效

【规则要点】

法律对于商标权的保护期限为10年，而且起算日为核准之日，与专利权的申请之日相区别。商标权终止的事由主要有撤销和注销，而无效事由则包括绝对事由和相对事由两大类。

【理解与适用】

一、商标权的期限

法律对于注册商标的保护期限为10年，自核准之日起计算。核准注册之日以在《商标登记簿》上登记的日期为准。但是权利人还享有续展权，所谓续展权是指商标权人有权在注册商标期限届满前，依法申请续展注册，延长注册商标保护期限的权利。10年的有效期限届满，需要继续使用的，权利人应当在期满前12个月内申请续展注册；在此期间未能提出申请的，可以给予6个月的宽限期。每次续展注册的有效期为10年，自该商标上一届有效期满次日起计算。宽限期满仍未提出申请的，撤销其注册商标。续展不限次数。

注册商标需要续展注册的，应当向商标局提交商标续展注册申请书。商标局核准商标注册续展申请的，发给相应证明并予以公告。若申请人申请续展的商标不符合法律规定，则商标局应以《驳回通知书》的形式通知申请人，并退还续展费用，申请人对该决定不服的，可以在收到驳回通知书之日起15日内申请复审。此外，注册商标的续展不得对注册商标有任何的变动，但是在申请商标续展时可以放弃原核定使用的商品类别。

二、商标权的终止

商标权的终止，是指发生法定事由后商标权人丧失了其商标权，法律对其商标也不再进行保护。根据商标法的规定，商标权的终止事由主要有注销和撤销两种。

（一）注销

注销，是指商标注册人自动放弃注册商标或者商标局依法取消注册商标的程序。

注册商标注销的事由主要有：

1. 注册商标所有人自动申请放弃其商标权

即申请注销注册商标或者其商标在部分指定商品上的注册。此种情况下，所有权人还应向商标局提交注销申请书，并交回《商标注册证》。该注册商标的专用权自商标局收到其注销申请之日起终止。自动申请注销一般因企业关闭、转产而不再生产、经营使用该注册商标的商品而发生。

2. 因过期而注销

因过期而注销，是指在注册商标的有限期届满，并且在规定的宽限期内商标注册人仍未办理续展手续或者虽办理了续展申请，但是没有获得批准。此种情况下商标专用权的丧失自有效期限届满之日起计算。

3. 无人继承导致注册商标专用权的丧失

这是指在法律规定的时间内无人要求继承注册商标的，商标局注销其注册商标。注册商标权利人的消亡并不必然导致商标权的消失，利害关系人在履行法定的手续后可以继受该注册商标。商标主管机关办理注销，应在《商标注册簿》上写明并刊登于《商标公告》上。

（二）撤销

撤销，是指商标主管机关对于商标注册人违反商标法的有关规定滥用其注册商标给予的一定的处罚，使其商标权消灭的行为。

依据商标法的规定，撤销事由主要有：

1. 自行改变注册商标、注册人名义、地址或者其他注册事项的，由地方主管部门责令限期改正；期满不改正的，由商标局撤销其注册商标。

2. 注册商标成为其核定使用的商品的通用名称。

3. 没有正当理由连续 3 年不使用的。对于注册商标未使用的正当理由，商标法实施条例规定了 4 种情形：不可抗力、政府政策性限制、破产清算、其他不可归责于商标注册人的正当事由。

任何单位或者个人向商标局申请撤销该注册商标时应当说明有关情况。商标局受理后应当通知商标注册人，限其自收到通知之日起 2 个月内提交该商标在撤销申请提出前使用的证据材料或者说明不使用的正当理由；期满未提供或者证据材料无效并没有正当理由的，由商标局撤销其注册商标。使用的证据材料，既包括商标注册人使用注册商标的证据材料，也包括许可他人使用注册商标的证据材料。以该理由申请撤销注册商标的，应当自该注册商标注册公告之日起满 3 年后提出申请。

注册商标成为其核定使用的商品的通用名称或者没有正当理由连续 3 年不使用的，任何单位或者个人可以向商标局申请撤销该注册商标。商标局应当自收到申请之日起 9 个月内作出决定。有特殊情况需要延长的，经国务院主管部门批准，可以延长 3 个月。

对商标局撤销或者不予撤销注册商标的决定，当事人不服的，可以自收到通知之日起 15 日内向商标评审委员会申请复审。商标评审委员会应当自收到申请之日起 9 个月内作出决定，并书面通知当事人。有特殊情况需要延长的，经国务院主管部门批准，可以延长 3 个月。当事人对商标评审委员会的决定不服的，可以自收到通知之日起 30 日内向人民法院起诉。

注册商标被撤销或者申请注销的法律后果是：原《商标注册证》作废，并予以公告；撤销该商标在部分指定商品上的注册的，或者商标注册人申请注销其商标在部分指定商品上的注册的，重新核发《商标注册证》，并予以公告。

三、商标权的无效

对于已经注册的商标，发生法定事由时，商标局可以宣告该注册商标无效，其他单位或者个人可以请求商标评审委员会宣告该注册商标无效。

该法定事由主要有：

（一）绝对事由

使用了不得作为商标使用的标志、不得作为商标注册的标志、不得注册的三维标志或者是以欺骗手段或者其他不正当手段取得注册的，该注册商标无效。

商标局作出宣告注册商标无效的决定，应当书面通知当事人，当事人对商标局的决定不服的，可以自收到通知之日起15日内向商标评审委员会申请复审；其他单位或者个人请求商标评审委员会宣告注册商标无效的，商标评审委员会收到申请后，应当书面通知有关当事人，并限期提出答辩。商标评审委员会应当自收到申请之日起9个月内作出决定，并书面通知当事人。有特殊情况需要延长的，经国务院主管部门批准，可以延长3个月。当事人对商标评审委员会的决定不服的，可以自收到通知之日起30日内向人民法院起诉。同时，对于他人申请宣告商标无效的，人民法院应当通知商标裁定程序的对方当事人作为第三人参加诉讼。

（二）相对事由

相对事由包括：已经注册的商标，侵犯了他人的在先商标权以及其他合法权利等；复制、模仿或者翻译了他人的驰名商标；使用了误导公众的地理标志；以不正当手段抢注了他人已经使用并有一定影响的商标；以自己的名义将被代理人或者被代表人的商标进行注册。

在先权利人或者利害关系人请求商标评审委员会宣告该注册商标无效的申请时间为：自该商标注册之日起5年内；但是对于恶意注册的，驰名商标所有人不受5年的时间限制。

商标评审委员会收到宣告注册商标无效的申请后，应当书面通知有关当事人，并限期提出答辩。商标评审委员会应当自收到申请之日起12个月内作出维持或者宣告无效的裁定，并书面通知当事人。有特殊情况需要延长的，经国务院主管部门批准，可以延长6个月。当事人对商标评审委员会的裁定不服的，可以自收到通知之日起30日内向人民法院起诉。人民法院应当通知商标裁定程序的对方当事人作为第三人参加诉讼。但是在审查过程中，如果所涉及的在先权利的确定必须以人民法院正在审理或者行政机关正在处理的另一案件的结果为依据的，可以中止审查。中止原因消除后，应恢复审查程序。

商标被宣告无效的法律后果是：一方面，该注册商标专用权视为自始不存在，由商标局予以公告。另一方面，宣告注册商标无效的决定或者裁定对下列内容不具有追溯力：宣告无效前人民法院作出并已执行的商标侵权案件的判决、裁定、调解书；主管部门作出并已执行的商标侵权案件的处理决定；已经履行的商标转让或者使用许可合同。但是，因商标注册人的恶意给他人造成的损失，应当给予赔偿。但是若不返还商标侵权赔偿金、商标转让费、商标使用费，明显违反公平原则的，应当全部或者部分返还。

【风险提示】

申请宣告商标无效的主体是有关权利人，与专利权的申请主体相区分。但是对于恶意抢注商标的，不受5年期限的限制。

【相关案例】

傅某某与国家工商行政管理总局商标评审委员会商标权无效宣告行政纠纷案

诉争商标为第5226659号“爽歪歪”商标，申请注册日为2006年3月20日，2010年1月14日核准注册。指定使用商品为第5类“人用药；医用减肥茶；药用化学制剂；药酒；消毒剂；空气清新剂；兽医用药；卫生巾；医用保健袋”。商标专用权期限至2020年1月13日，商标专用权人为傅某某。2015年12月30日，娃哈哈公司对诉争商标提出无效宣告请求。

商标评审委员会作出诉争商标予以无效宣告的裁定。主要理由为：“爽歪歪”为娃哈哈公司名下在饮料等商品上具有一定知名度的商标，且

"爽歪歪"非固定搭配词汇，用作商标使用，具有较强显著性。诉争商标与娃哈哈公司具有较强显著性的"爽歪歪"商标在文字构成、呼叫方面完全相同，难谓巧合。加之傅某某在多个类别商品上申请注册了多达150余件商标，且商标名称各异，跨多个商品服务类别，该行为明显超出了正常的生产经营需要，其中还包含娃哈哈公司另一具有一定知名度、独创性较强的"乳娃娃"商标。后傅某某对该结果不服，提起了一审、二审诉讼，法院均未支持。

【法条指引】

中华人民共和国商标法（节录）

第四十四条 已经注册的商标，违反本法第四条、第十条、第十一条、第十二条、第十九条第四款规定的，或者是以欺骗手段或者其他不正当手段取得注册的，由商标局宣告该注册商标无效；其他单位或者个人可以请求商标评审委员会宣告该注册商标无效。

商标局做出宣告注册商标无效的决定，应当书面通知当事人。当事人对商标局的决定不服的，可以自收到通知之日起十五日内向商标评审委员会申请复审。商标评审委员会应当自收到申请之日起九个月内做出决定，并书面通知当事人。有特殊情况需要延长的，经国务院工商行政管理部门批准，可以延长三个月。当事人对商标评审委员会的决定不服的，可以自收到通知之日起三十日内向人民法院起诉。

其他单位或者个人请求商标评审委员会宣告注册商标无效的，商标评审委员会收到申请后，应当书面通知有关当事人，并限期提出答辩。商标评审委员会应当自收到申请之日起九个月内做出维持注册商标或者宣告注册商标无效的裁定，并书面通知当事人。有特殊情况需要延长的，经国务院工商行政管理部门批准，可以延长三个月。当事人对商标评审委员会的裁定不服的，可以自收到通知之日起三十日内向人民法院起诉。人民法院应当通知商标裁定程序的对方当事人作为第三人参加诉讼。

第四十五条 已经注册的商标，违反本法第十三条第二款和第三款、第十五条、第十六条第一款、第三十条、第三十一条、第三十二条规定的，自商标注册之日起五年内，在先权利人或者利害关系人可以请求商标评审委员会宣告该注册商标无效。对恶意注册的，驰名商标所有人不受五年的时间限制。

商标评审委员会收到宣告注册商标无效的申请后，应当书面通知有关当事人，并限期提出答辩。商标评审委员会应当自收到申请之日起十二个月内做出维持注册商标或者宣告注册商标无效的裁定，并书面通知当事人。有特殊情况需要延长的，经国务院工商行政管理部门批准，可以延长六个月。当事人对商标评审委员会的裁定不服的，可以自收到通知之日起三十日内向人民法院起诉。人民法院应当通知商标裁定程序的对方当事人作为第三人参加诉讼。

商标评审委员会在依照前款规定对无效宣告请求进行审查的过程中，所涉及的在先权利的确定必须以人民法院正在审理或者行政机关正在处理的另一案件的结果为依据的，可以中止审查。中止原因消除后，应当恢复审查程序。

第六节 商标权的保护

【规则要点】

商标权的保护范围是“相同或者近似商品上，与权利人的核准注册的商标相同或者近似”。法律明确规定了几种具体的侵权方式，同时对侵权行为也规定了相应的法律责任：民事责任、行政责任、刑事责任。

一、商标权的保护范围

商标权的保护范围，是指商标权人有权禁止他人在与其核定使用的相同或者近似商品上使用与其核准注册的商标相同或者近似的商标。即在商标权的保护范围内，未经商标注册人的许可，任何人在与核定使用的商品或者服务相同的商品或者服务上使用与其注册商标相同的商标；在同一种商品或服务上使用与其注册商标相同或者近似的商标，或者在与核定使用的商品或者服务相近似的商品或者服务上使用与其注册商标相同或者近似的商标，容易导致混淆的，都构成商标侵权行为。

二、侵犯商标权的行为

商标法规定了具体的侵权行为：

（一）未经商标注册人的许可，在同一种商品上使用与其注册商标相同的商标的

注意此种侵权行为的构成要件：使用商标的商品或者服务与他人注册商标核定使用的商品或服务为同一种；使用的商标与他人注册的商标相同；行为人使用商标时未得到权利人的许可；使用行为所涉及的商标依然处于法律保护的期限内。构成此种侵权无须导致消费者混淆这一条件。

（二）未经商标注册人的许可，在同一种商品上使用与其注册商标近似的商标，或者在类似商品上使用与其注册商标相同或者近似的商标，容易导致混淆的

该种情况与实际包含了 3 种情况：在同一种商品上使用与其注册商标相近似的商标；在近似商品上使用与其注册商标相同的商标；在近似商品上使用与其注册商标近似的商标。这 3 种情况下的侵权都要求导致消费者容易混淆。

（三）销售侵犯注册商标专用权的商品的

经销者是生产者和消费者之间的媒介，若经销者向消费者提供侵犯他人注册商标专用权的商品，会损害商标注册人和消费者的合法权益。因此，这是一种间接侵权的行为，对于销售者来说，无论是故意还是过失，只要销售了侵权产品就构成了侵犯商标权的行为，但是在损害赔偿问题上，商标法还是采取过错原则，即销售不知道是侵犯注册商标专用权的商品，能证明该商品是自己合法取得并说明提供者的，不承担赔偿责任。

（四）伪造、擅自制造他人注册商标标识或者销售伪造、擅自制造的注册商标标识的

商标标识，是指附着于商品之上的由商标图案组成的物质实体。伪造、擅自制造，是指未经商标注册人同意而制造其商标标识，用于自己生产的同类或者近似商品上，从而使消费者混淆的行为。商标法和《商标印制管理办法》规定，商标印制单位必须是依法定程序申请，经主管部门批

准从事商标印制业务的企业和个体工商户，印制注册商标标识应当持有县级以上主管部门开具的注册商标印制证明，任何伪造、擅自制造的行为都会导致商标注册人利益受损，因此法律禁止该种行为。

（五）未经商标注册人同意，更换其注册商标并将该更换商标的商品又投入市场的

该行为又被称为反向假冒，是指未经商标注册人许可，将他人商品上粘贴的注册商标消除并换为自己的或者其他商标后，将该商品在市场上进行销售的行为。反向假冒的行为不仅混淆商品的来源，损害了注册商标人和消费者的合法权益，而且妨碍了市场经济的有序进行。

构成反向假冒的条件有：未经商标注册人同意，擅自将他人商品上的注册商标更换；行为人将更换后的商品继续投入市场进行销售。若不进行销售则不会对他人利益造成影响，因而不构成侵权。

（六）故意为侵犯他人商标专用权行为提供便利条件，帮助他人实施侵犯商标专用权行为的

此行为是帮助侵权，也是间接侵权的一种。便利条件不仅包括传统意义上的邮寄、运输、仓储等行为，还包括提供场地等行为，特别需要注意的是，行为人构成侵权的主观要件是在实施这些帮助行为时一定是持故意心态。

（七）给他人的注册商标专用权造成其他损害的

此类行为包括但不限于下列情形：在同一种或者类似商品上，将与他人注册商标相同或者近似的商业标志作为商品的名称或者商品装潢使用，误导公众的行为；将与他人注册商标相同或者近似的文字作为企业的字号在相同或类似商品上突出使用，容易使相关公众产生误认的行为；将与他人注册商标相同或近似的文字注册为域名，并且通过该域名进行相关商品交易的电子商务，容易使相关公众产生误认的行为等。

三、侵犯商标权应承担的法律责任

因侵犯他人商标权产生的纠纷，可以由当事人协商解决；不愿协商或者协商不成的，商标注册人或者利害关系人可以向人民法院起诉，也可以请求主管部门处理。此处的利害关系人包括注册商标使用许可合同的被许可人、注册商标财产权的合法继承人等。

根据商标法的规定，侵权人应承担相应的民事责任、行政责任，情节严重构成犯罪的，还要承担刑事责任。

（一）民事责任

根据民法总则、商标法及其有关实施条例的规定，商标侵权行为承担民事责任的主要方式有：

1. 停止侵害

停止侵害，是指商标侵权人根据法院的判决停止正在实施的侵权行为。

2. 消除影响

商标侵权人的请求行为不仅损害了商标权人的合法利益，还会给权利人的声誉造成损失。因此，商标侵权人有消除不利影响的义务。

3. 赔偿损失

赔偿损失的计算方法为：按照权利人因被侵权所受到的实际损失确定；实际损失难以确定的，可以按照侵权人因侵权所获得的利益确定；权利人的损失或者侵权人获得的利益难以确定的，参照该商标许可使用费的倍数合理确定。

对恶意侵犯商标专用权，情节严重的，可以在按照上述方法确定数额的1倍以上3倍以下确定赔偿数额。赔偿数额应当包括权利人为制止侵权行为所支付的合理开支。

此外，还应注意：人民法院为确定赔偿数额，在权利人已经尽力举证，而与侵权行为相关的账簿、资料主要由侵权人掌握的情况下，可以责令侵权人提供与侵权行为相关的账簿、资料；侵权人不提供或者提供虚假的账簿、资料的，人民法院可以参考权利人的主张和提供的证据判定赔偿数额。

权利人因被侵权所受到的实际损失、侵权人因侵权所获得的利益、注册商标许可使用费难以确定的，由人民法院根据侵权行为的情节判决给予300万元以下的赔偿。

在以下两种情况下，行为人并不因侵权行为而承担侵权责任：

第一，注册商标专用权人请求赔偿，被控侵权人以注册商标专用权人未使用注册商标提出抗辩的，人民法院可以要求注册商标专用权人提供此前3年内实际使用该注册商标的证据，但他不能证明此前3年内实际使用过该注册商标，也不能证明因侵权行为受到其他损失。

第二，善意侵权，即经销者销售不知道是侵犯注册商标专用权的商品，并能证明该商品是自己合法取得并说明提供者的，不承担赔偿责任。

侵权行为人应为自己的侵权行为承担一定的民事责任，但是法律还规定了一些免责事由：注册商标中含有的本商品的通用名称、图形、型号，或者直接表示商品的质量、主要原料、功能、用途、重量、数量及其他特点，或者含有的地名，注册商标专用权人无权禁止他人正当使用；三维标志注册商标中含有的商品自身的性质产生的形状、为获得技术效果而需要有的商品形状或者使商品具有实质性价值的形状，注册商标专用权人无权禁止他人正当使用；商标注册人申请商标注册前，他人已经在同一种商品或者类似商品上先于商标注册人使用与注册商标相同或者近似并有一定影响的商标的，注册商标专用权人无权禁止该使用人在原使用范围内继续使用该商标，但可以要求其附加适当区别标识。

（二）行政责任

行政责任，是指主管机关按照商标法的有关规定对侵权人作出的惩罚性措施。

承担侵权行政责任的主要方式有：立即停止侵权行为；没收、销毁侵权商品和主要用于制造侵权商品、伪造注册商标标识的工具；违法经营额5万元以上的，可以处违法经营额5倍以下的罚款，没有违法经营额或者违法经营额不足5万元的，可以处25万元以下的罚款，对5年内实施两次以上商标侵权行为或者有其他严重情节的，应当从重处罚；销售不知道是侵犯注册商标专用权的商品，能证明该商品是自己合法取得并说明提供者的，由主管部门责令停止销售。

（三）刑事责任

对于严重侵犯他人注册商标的行为，侵权者应承担相应的刑事责任。刑法规定了3种具体的侵犯注册商标的犯罪行为：

1. 假冒注册商标罪

根据刑法规定，未经注册商标所有人许可，在同一种商品上使用与其注册商标相同的商标，情节严重的，处3年以下有期徒刑或者拘役，并处或者单处罚金；情节特别严重的，处3年以上7年以下有期徒刑，并处罚金。

2. 销售假冒注册商标商品罪

根据刑法规定，销售明知是假冒注册商标的商品，销售金额数额较大的，处3年以下有期徒刑或者拘役，并处或者单处罚金；销售金额数额巨大的，处3年以上7年以下有期徒刑，并处罚金。

3. 非法制造、销售非法制造的注册商标标识罪

根据刑法规定，伪造、擅自制造他人注册商标标识或者销售伪造、擅自制造的注册商标标识，情节严重的，处3年以下有期徒刑、拘役或者管制，并处或者单处罚金；情节特别严重的，处3年以上7年以下有期徒刑，并处罚金。

【风险提示】

善意侵权人并不承担赔偿责任，但要注意此处的善意是指该行为人在购买侵权产品时并不知道该产品侵权。

【相关案例】

北京市工商局丰台分局查处侵犯味多美注册商标专用权案

当事人北京美多味科贸有限公司自2016年7月5日至2017年4月12日，在其经营场所从事加工制售面包、饼干、蛋糕及销售预包装食品的经营活动。当事人在经营活动中将与北京味多美食品有限责任公司第3218375号及第8567069号注册商标近似的“美多味”和“médowe”字样使用在门头牌匾以及向消费者提供的塑料袋上。店外牌匾上使用的“美多味”字样与第3218375号注册商标“味多美”相比，组成的3个汉字相同，排列顺序相反，且与北京味多美食品有限责任公司各门店牌匾上的“味多美”颜色均为白色，背景色均为红色系，整体近似。2017年8月14日，北京市工商局丰台分局认定当事人的行为属于商标法第57条第2项所指的商标侵权行为，并依据商标法第60条责令当事人立即停止侵权行为，没收带有“美多味”及“médowe”字样的塑料袋，罚款221.15万元。

【法条指引】

中华人民共和国商标法（节录）

第六十条 有本法第五十七条所列侵犯注册商标专用权行为之一，引起纠纷的，由当事人协商解决；不愿协商或者协商不成的，商标注册人或者利害关系人可以向人民法院起诉，也可以请求工商行政管理部门处理。

工商行政管理部门处理时，认定侵权行为成立的，责令立即停止侵权行为，没收、销毁侵权商品和主要用于制造侵权商品、伪造注册商标标识的工具，违法经营额五万元以上的，可以处违法经营额五倍以下的罚款，没有违法经营额或者违法经营额不足五万元的，可以处二十五万元以下的罚款。对五年内实施两次以上商标侵权行为或者有其他严重情节的，应当从重处罚。销售不知道是侵犯注册商标专用权的商品，能证明该商品是自己合法取得并说明提供者的，由工商行政管理部门责令停止销售。

对侵犯商标专用权的赔偿数额的争议，当事人可以请求进行处理的工商行政管理部门调解，也可以依照《中华人民共和国民事诉讼法》向人民法院起诉。经工商行政管理部门调解，当事人未达成协议或者调解书生效后不履行的，当事人可以依照《中华人民共和国民事诉讼法》向人民法院起诉。

第六十七条 未经商标注册人许可，在同一种商品上使用与其注册商标相同的商标，构成犯罪的，除赔偿被侵权人的损失外，依法追究刑事责任。

伪造、擅自制造他人注册商标标识或者销售伪造、擅自制造的注册商标标识，构成犯罪的，除赔偿被侵权人的损失外，依法追究刑事责任。

销售明知是假冒注册商标的商品，构成犯罪的，除赔偿被侵权人的损失外，依法追究刑事责任。

第七节 驰名商标

【规则要点】

驰名商标的认定，需要考虑多方面的因素。我国对于驰名商标的保护力度强于普通的注册商标。

【理解与适用】

一、驰名商标的概念

《驰名商标认定和保护规定》将驰名商标定义为：在中国为相关公众所熟知的商标。驰名商标分为注册的驰名商标和未注册的驰名商标。

二、驰名商标的认定

商标法规定，在认定驰名商标时主要从以下几个方面进行考虑：

1. 相关公众对该商标的知晓程度。相关公众是指与使用该商标的商品有关的公众。

2. 该商标使用的持续时间。

3. 该商标的任何宣传工作的持续时间、程度和地理范围。

4. 该商标作为驰名商标受保护的记录。

5. 该商标驰名的其他因素。

《最高人民法院关于审理涉及驰名商标保护的民事纠纷案件应用法律若干问题的解释》中对于该问题进行了具体规定：当事人主张商标驰名的，应当根据案件具体情况，提供下列证据，证明被诉侵犯商标权或者不正当竞争行为发生时，其商标已属驰名：

1. 使用该商标的商品的市场份额、销售区域、利税等；

2. 该商标的持续使用时间；

3. 该商标的宣传或者促销活动的方式、持续时间、程度、资金投入和地域范围；

4. 该商标曾被作为驰名商标受保护的记录；

5. 该商标享有的市场声誉；

6. 证明该商标已属驰名的其他事实。

商标使用时间长短、行业排名、市场调查报告、市场价值评估报告、是否曾被认定为著名商标等证据，人民法院应当结合认定商标驰名的其他证据，客观、全面地进行审查。

商标法规定，为相关公众所熟知的商标，持有人认为其权利受到侵害时，可以依照本法规定请求驰名商标保护。据此，我国对于驰名商标的认定采取“被动认定，个案保护”的做法，即只有在商标权纠纷发生后，商标注册人认为其商标属于驰名商标并受到损害的，可以请求商标行政执法机关或者人民法院审查认定其商标为驰名商标。该认定只具有个案效力，即下次发生纠纷时依然要重新认定其商标是否为驰名商标。同时，生产、经营者不得将“驰名商标”字样用于商品、商品包装或者容器上，或者用于广告宣传、展览以及其他商业活动中。

三、对驰名商标的特殊保护

驰名商标因其较高的社会声誉而受到法律的更多保护。法律对于驰名商标的特殊保护主要表现在以下几个方面：

1. 将与他人驰名商标相同或者近似的商标在非类似商品或者服务上申请注册，且可能损害持商标注册人的权益，造成商标法所规定的不良影响的，由商标局驳回其注册申请；已经注册的，自注册之日起 5 年内，驰名商标注册人可以请求国家主管部门商标评审委员会予以撤销，但是恶意注册的不受时间的限制。即未注册的驰名商标能对抗的是在相同或类似的商品或者服务上。同时还要注意的是，在使用中出现类似情况会暗示该商品或者服务于驰名商标存在某种关联的，驰名商标注册人也可以自知道或者应当知道之日起 2 年内请求主管部门予以制止。

2. 自驰名商标认定之日起，他人将与该驰名商标相同或者近似的文字作为企业的名称的一部分使用，且可能会导致公众误认的，主管机关不予核准登记；已经登记的，驰名商标注册人可以自知道或者应当知道之日起 5 年内，请求主管机关予以撤销。

3. 就相同或者类似商品申请注册的商标是复制、摹仿或者翻译他人未在中国注册的驰名商标，容易导致混淆的，不予注册并禁止使用。就不相同或者不相类似商品申请注册的商标是复制、摹仿或者翻译他人已经在中国注册的驰名商标，误导公众，致使该驰名商标注册人的利益可能受到损害的，不予注册并禁止使用。

【风险提示】

因法律对于驰名商标的保护力度更强，所以保护范围更宽，但是驰名商标的字样不能用于商品或者服务的包装上。

【法条指引】

中华人民共和国商标法（节录）

第十三条 为相关公众所熟知的商标，持有人认为其权利受到侵害时，可以依照本法规定请求驰名商标保护。

就相同或者类似商品申请注册的商标是复制、摹仿或者翻译他人未在中国注册的驰名商标，容易导致混淆的，不予注册并禁止使用。

就不相同或者不相类似商品申请注册的商标是复制、摹仿或者翻译他人已经在中国注册的驰名商标，误导公众，致使该驰名商标注册人的利益可能受到损害的，不予注册并禁止使用。

第十四条 驰名商标应当根据当事人的请求，作为处理涉及商标案件需要认定的事实进行认定。认定驰名商标应当考虑下列因素：

（一）相关公众对该商标的知晓程度；

（二）该商标使用的持续时间；

（三）该商标的任何宣传工作的持续时间、程度和地理范围；

（四）该商标作为驰名商标受保护的记录；

（五）该商标驰名的其他因素。

在商标注册审查、工商行政管理部门查处商标违法案件过程中，当事人依照本法第十三条规定主张权利的，商标局根据审查、处理案件的需要，可以对商标驰名情况作出认定。

在商标争议处理过程中，当事人依照本法第十三条规定主张权利的，商标评审委员会根据处理案件的需要，可以对商标驰名情况作出认定。

在商标民事、行政案件审理过程中，当事人依照本法第十三条规定主张权利的，最高人民法院指定的人民法院根据审理案件的需要，可以对商标驰名情况作出认定。

生产、经营者不得将“驰名商标”字样用于商品、商品包装或者容器上，或者用于广告宣传、展览以及其他商业活动中。

中华人民共和国商标法实施条例（节录）

第三条 商标持有人依照商标法第十三条规定请求驰名商标保护的，应当提交其商标构成驰名商标的证据材料。商标局、商标评审委员会应当依照商标法第十四条的规定，根据审查、处理案件的需要以及当事人提交的证据材料，对其商标驰名情况作出认定。

第七十二条 商标持有人依照商标法第十三条规定请求驰名商标保护的，可以向工商行政管理部门提出请求。经商标局依照商标法第十四条规定认定为驰名商标的，由工商行政管理部门责令停止违反商标法第十三条规定使用商标的行为，收缴、销毁违法使用的商标标识；商标标识与商品难以分离的，一并收缴、销毁。

第五章

其他知识产权

第一节　植物新品种权

【规则要点】

植物新品种权也是一种知识产权，植物新品种要能投入种植才能带来经济效益，因此要求具有稳定性和特异性等特点。在判断是否为植物新品种时，需要与目前市场上流通的植物进行比较，从而得出结论。法律对于植物新品种权的保护也是有一定的限度的，同时该权利也存在一定的限制。

【理解与适用】

植物新品种，是指经过人工培育的或者对发现的野生植物加以开发，具备新颖性、特异性、一致性和稳定性并有适当命名的植物品种。

植物新品种权简称品种权，是指植物新品种育种人对其培育出的植物新品种依法享有的专有权利，植物育种人即为品种权人。品种权人使用繁殖材料也要受到一定的限制：任何单位或者个人未经品种权人许可，不得以商业目的生产或者销售该授权品种的繁殖材料，不得以商业目的将该授权品种的繁殖材料重复使用于生产另一品种的繁殖材料，但是《中华人民共和国植物新品种保护条例》另有规定的除外。对于植物新品种，《中华人民共和国植物新品种保护条例实施细则（农业部分）》（以下简称《实施细则（农业部分）》）和《中华人民共和国植物新品种保护条例实施细则（林业部分）》（以下简称《实施细则（林业部分）》）分别对农业和林业领域的植物新品种进行了具体的规定。

一、品种权的归属

（一）职务育种

职务育种，是指执行本单位的任务或者主要是利用本单位的物质条件所完成的职务育种。职务育种有 3 种情形：在本职工作中完成的育种；履行本单位交付的本职工作之外的任务所完成的育种；退职、退休或者调动工作后，3 年内完成的与其在原单位承担的工作或者原单位分配的任务有关的育种。对于本单位的物质条件，《实施细则（农业部分）》规定为本单位的资金、仪器设备、试验场地以及单位所有的尚未允许公开的育种材料和技术资料等；《实施细则（林业部分）》则规定为本单位的资金、仪器设备、试验场地、育种资源和其他繁殖材料及不对外公开的技术资料等。

在职务育种的情况下，植物新品种的申请权属于该单位，申请被批准后，品种权属于申请人。

（二）非职务育种

非职务育种，植物新品种的申请权属于完成育种的个人。申请被批准后，品种权属于申请人。

（三）委托育种和合作育种

委托育种，是指一方接受他方委托完成的育种；合作育种，是指两个以上的主体共同完成的育种。需要注意的是，在合作育种中，两个以上的主体都要为育种作出实质性贡献，否则不能称之为合作育种。

在这两种育种方式中，品种权的归属由当事人在合同中约定；没有合同约定的，品种权属于受委托完成或者共同完成育种的单位或者个人。

二、品种权的取得

（一）取得条件

植物新品种保护条例明确规定，植物新品种要获得法律的保护，必须满足一定的条件。

1. 新颖性

新颖性，是指植物品种尚未被商业化利用或者推广使用，具体来说，是指申请品种权的植物品种在申请日前该品种繁殖材料未被销售，或者经育种者许可，在中国境内销售该品种繁殖材料未超过 1 年；在中国境外销售藤本植物、林木、果树和观赏树木品种繁殖材料未超过 6 年，销售其他植物品种繁殖材料未超过 4 年。

2. 特异性

特异性，是指申请品种权的植物新品种应当明显区别于在递交申请以前已知的植物品种，强调的是申请授权的植物品种与已知的植物品种之间的显著差异，而且这种差异要体现在植物自身的性状上，而不是因培养条件的差异导致的。

3. 一致性

一致性，是指申请品种权的植物新品种经过繁殖，除可预见的变异外，其相关的特征或者特性保持一致。

4. 稳定性

稳定性，是指申请品种权的植物新品种经过反复繁殖后或者在特定的繁殖周期结束后，其相关特征或者特性保持不变。

5. 适当的名称

该内容要求植物新品种的名称应当与相同或者近似的植物属或种中已知品种的名称相区别，并且不得用下列内容命名：仅以数字组成的；违反社会公德的；对植物新品种的特征、特性或者育种者的身份等容易引起误解的。

此外，还要注意的是，申请品种权的植物新品种应当属于国家植物品种保护名录中列举的植物的属或种，植物品种保护名录由审批机关确定和公布。《实施细则（农业部分）》还规定对危害公共利益、生态环境的植物新品种不授予品种权。

（二）取得程序

取得品种权要经过申请，经由农业农村部、国家林业和草原局受理审查后才能取得，不能自动取得。品种权的获得要经过以下程序：

1. 申请

法律对于不同的申请主体作出了不同的规定：若是中国的单位和个人

申请，可以直接或者委托代理机构向审批机关提出申请，但是申请品种权的植物新品种涉及国家安全或者重大利益需要保密的，应当按照国家有关规定办理。

若为外国人、外国企业或者外国其他组织在中国申请品种权的，应当按其所属国和中国签订的协议或者共同参加的国际条约办理，或者根据互惠原则，进行办理。但是，若在中国没有经常居所，其提出品种权申请的，应当委托代理机构办理，申请人应当与代理机构签订委托书，明确委托办理事项与权责。代理机构在提交申请时，应当同时提交申请人委托书。受理申请的机构在受理与审查程序中，直接与代理机构联系，不与申请人直接联系。

申请品种权的，应当向审批机关提交符合规定格式要求的请求书、说明书和该品种的照片。申请文件应当使用中文书写。审批机关收到品种权申请文件之日为申请日；申请文件是邮寄的，以寄出的邮戳日为申请日。

植物新品种权的申请也存在优先权的内容：申请人自在外国第一次提出品种权申请之日起 12 个月内，又在中国就该植物新品种提出品种权申请的，依照该外国同中国签订的协议或者共同参加的国际条约，或者根据相互承认优先权的原则，可以享有优先权。申请人要求优先权的，应当在申请时提出书面说明，并在 3 个月内提交经原受理机关确认的第一次提出的品种权申请文件的副本；未提出书面说明或者提交申请文件副本的，视为未要求优先权。

2. 受理

受理，是指品种权审批机关接受申请人的申请，并明确申请日、给予其申请号的程序。审批机关有权自收到申请之日起 1 个月内通知申请人缴纳申请费；若申请不符合或者经修改仍不符合法律要求的申请格式，审批机关不予受理，并通知申请人。

3. 审批

对于植物新品种的审批机关分为两个，分别是农业农村部和国家林业和草原局。农业农村部审批的植物新品种包括：粮食、棉花、油料、麻类、糖料、蔬菜（含西甜瓜）、烟草、桑树、茶树、果树（干果除外）、观赏植物（木本除外）、草类、绿肥、草本药材、食用菌、藻类和橡胶树等。国家林业和草原局审批的对象为：林木、竹、木质藤本、木本观赏植物

（包括木本花卉）、果树（干果部分）及木本油料、饮料、调料、木本药材等植物品种。

申请人缴纳申请费后，审批机关对品种权申请的下列内容进行初步审查：是否属于植物品种保护名录列举的植物属或者种的范围、是否符合条例中关于外国人申请品种权的规定、是否符合新颖性的规定、植物新品种的命名是否适当。初步审查的期限为自受理品种权申请之日起6个月内。

经初步审查，该申请符合条件，审批机关予以公告，并通知申请人在3个月内缴纳审查费。

若该申请不符合条件，审批机关应当通知申请人在3个月内陈述意见或者予以修正；逾期未答复或者修正后仍然不合格的，驳回申请。

初步审查后，申请人应按照规定缴纳审查费后，审批机关对品种权申请的特异性、一致性和稳定性进行实质审查；若申请人未按照规定缴纳审查费的，品种权申请视为撤回。

三、品种权的期限、终止和无效

（一）品种权的期限

品种权的保护期限，自授权之日起，藤本植物、林木、果树和观赏树木为20年，其他植物为15年。

（二）品种权的终止

品种权人以书面声明放弃品种权、未按照规定缴纳年费、未按照审批机关的要求提供检测所需的该授权品种的繁殖材料以及经检测该授权品种不再符合被授予品种权时的特征和特性的，品种权在其保护期限届满前终止。品种权的终止，由审批机关登记和公告。

（三）品种权的无效

有权宣告品种权无效的机关是复审委员会，该无效宣告可以是复审委员会依职权进行，也可以依据任何单位或者个人的书面请求进行。

品种权宣告无效的时间为：自审批机关公告授予品种权之日起。

品种权宣告无效的事由为：不符合植物新品种的新颖性、特异性、一致性、稳定性，若无适当的名称则审批机关可以对其予以更名。

宣告品种权无效或者更名的决定，由审批机关登记和公告，并通知当事人。当事人若对于上述决定不服的，可以自收到通知之日起3个月内向人民法院提起诉讼。

品种权宣告无效的后果：

1. 品种权视为自始不存在。

2. 宣告品种权无效的决定在3种情况下不具有追溯力：在宣告前人民法院作出并已执行的植物新品种侵权的判决、裁定，省级以上人民政府农业、林业行政部门作出并已执行的植物新品种侵权处理决定，以及已经履行的植物新品种实施许可合同和植物新品种权转让合同。但是，因品种权人的恶意给他人造成损失的，应当给予合理赔偿。

3. 若品种权被宣告无效，品种权人或者品种权转让人不向被许可实施人或者受让人返还使用费或者转让费，明显违反公平原则的，品种权人或者品种权转让人应当向被许可实施人或者受让人返还全部或者部分使用费或者转让费。

四、品种权的限制和保护

（一）品种权的限制

1. 合理使用

合理使用，是指在利用授权品种进行育种及其他科研活动或者农民自繁自用授权品种的繁殖材料时，使用授权品种的，可以不经品种权人许可，也不向其支付使用费的使用。但是不得侵犯品种权人的其他权利。

2. 强制许可

允许强制许可的理由是为了国家利益或者公共利益。审批机关作出强制许可决定后，应予以登记和公告。取得实施强制许可的单位或者个人应当付给品种权人合理的使用费，其数额由双方商定；双方不能达成协议的，由审批机关裁决。若品种权人对强制许可决定或者强制许可使用费的裁决不服的，可以自收到通知之日起3个月内向人民法院提起诉讼。

（二）品种权的保护

品种权是一种独立的知识产权，当行为人未经权利人许可，以营利为目的生产或者销售授权品种的繁殖材料或者假冒授权品种时，即构成对他人品种权的侵犯。权利人可以请求省级以上人民政府农业、林业行政部门依据各自的职权进行处理，也可以直接向人民法院提起诉讼。

侵权行为人应承担的责任主要有以下几种：

1. 省级以上人民政府农业、林业行政部门依据各自的职权，根据当事人自愿的原则，对侵权所造成的损害赔偿可以进行调解。调解达成协议的，当事人应当履行；调解未达成协议的，权利人可以依照民事诉讼程序向人民法院提起诉讼。

2. 省级以上人民政府农业、林业行政部门依据各自的职权处理品种权侵权案件时，为维护社会公共利益，可以责令侵权人停止侵权行为，没收违法所得和植物品种繁殖材料；货值金额 5 万元以上的，可处货值金额 1 倍以上 5 倍以下的罚款；没有货值金额或者货值金额 5 万元以下的，根据情节轻重，可处 25 万元以下的罚款。

3. 假冒授权品种的，由县级以上人民政府农业、林业行政部门依据各自的职权责令停止假冒行为，没收违法所得和植物品种繁殖材料；货值金额 5 万元以上的，处货值金额 1 倍以上 5 倍以下的罚款；没有货值金额或者货值金额 5 万元以下的，根据情节轻重，处 25 万元以下的罚款；情节严重，构成犯罪的，依法追究刑事责任。

4. 销售授权品种未使用其注册登记的名称的，由县级以上人民政府农业、林业行政部门依据各自的职权责令限期改正，可以处 1000 元以下的罚款。

5. 县级以上人民政府农业、林业行政部门及有关部门的工作人员滥用职权、玩忽职守、徇私舞弊、索贿受贿，构成犯罪的，依法追究刑事责任；尚不构成犯罪的，依法给予行政处分。

【风险提示】

对植物育种人权利的保护，保护的对象不是植物品种本身，而是植物育种者应当享有的权利。

【法条指引】

中华人民共和国植物新品种保护条例（节录）

第九条 植物新品种的申请权和品种权可以依法转让。

中国的单位或者个人就其在国内培育的植物新品种向外国人转让申请

权或者品种权的，应当经审批机关批准。

国有单位在国内转让申请权或者品种权的，应当按照国家有关规定报经有关行政主管部门批准。

转让申请权或者品种权的，当事人应当订立书面合同，并向审批机关登记，由审批机关予以公告。

第十条　在下列情况下使用授权品种的，可以不经品种权人许可，不向其支付使用费，但是不得侵犯品种权人依照本条例享有的其他权利：

（一）利用授权品种进行育种及其他科研活动；

（二）农民自繁自用授权品种的繁殖材料。

第十一条　为了国家利益或者公共利益，审批机关可以作出实施植物新品种强制许可的决定，并予以登记和公告。

取得实施强制许可的单位或者个人应当付给品种权人合理的使用费，其数额由双方商定；双方不能达成协议的，由审批机关裁决。

品种权人对强制许可决定或者强制许可使用费的裁决不服的，可以自收到通知之日起3个月内向人民法院提起诉讼。

第十二条　不论授权品种的保护期是否届满，销售该授权品种应当使用其注册登记的名称。

第二节　集成电路布图设计权

【规则要点】

布图设计权是在集成电路中对于创作者智力成果的保护。同样，在该权利的内容中，也会涉及权利的保护、限制、无效、终止等情况。

【理解与适用】

《保护集成电路知识产权的华盛顿公约》（以下简称《华盛顿公约》）规定，布图设计是指集成电路中的多个元件，其中至少有一个是有源元件和其部分或全部组成电路互连的三维配置，或者指为集成电路的制造而准备的三维配置。我国《集成电路布图设计保护条例》（以下简称《条例》）

与此相匹配，将集成电路布图设计定义为：集成电路中至少有一个是有源元件的两个以上元件和部分或者全部互连线路的三维配置，或者为制造集成电路而准备的上述三维配置。集成电路布图设计权是指集成电路布图设计的创作人或者其他权利人对该创作享有的专有权利。

一、布图设计权的内容

（一）复制权

复制权，是指权利人对受保护的布图设计的全部或者其中任何具有独创性的部分进行复制的权利。

（二）商业利用权

商业利用权，是指权利人有权将受保护的布图设计、含有该布图设计的集成电路或者含有该集成电路的物品投入商业利用。商业利用，是指为商业目的进口、销售或者以其他方式提供受保护的布图设计、含有该布图设计的集成电路或者含有该集成电路的物品的行为。

（三）处分权

处分权，是指将集成电路布图设计出让给他人或者许可他人使用的权利。转让布图设计专有权的，当事人应当订立书面合同，并向国务院知识产权行政部门登记，由国务院知识产权行政部门予以公告。布图设计专有权的转让自登记之日起生效。

许可他人使用其布图设计的，当事人应当订立书面合同。许可也可分为独占使用许可、排他使用许可和普通使用许可 3 种类型。

二、布图设计权的取得和保护期限

（一）取得

我国对集成电路布图设计权采取严格的登记取得制。《条例》规定，布图设计专有权经国务院知识产权行政部门登记产生，未经登记的布图设计不受本条例保护。

1. 申请

申请人在申请布图设计登记时，应当提交的内容包括：登记申请表；布图设计的复制件或者图样；布图设计已投入商业利用的，提交含有该布图设计的集成电路样品；国务院知识产权行政部门规定的其他材料。若申请中涉及国家安全或者重大利益，需要保密的，按照国家有关规定办理。

布图设计登记申请还受到一定的时间限制：自其在世界任何地方首次商业利用之日起 2 年内，未向国务院知识产权行政部门提出登记申请的，国务院知识产权行政部门不再予以登记。

2. 审查、公告

布图设计登记申请经初步审查，未发现驳回理由的，由国务院知识产权行政部门予以登记，发给登记证明文件，并予以公告。在布图设计获准登记后，国务院知识产权行政部门发现该登记不符合《条例》规定的，应当予以撤销，通知布图设计权利人，并予以公告；若权利人对该撤销决定不服的，可以自收到通知之日起 3 个月内向人民法院起诉。

3. 复审

若申请被驳回，且申请人对于驳回决定不服的，可以自收到通知之日起 3 个月内，向国务院知识产权行政部门请求复审。国务院知识产权行政部门复审作出决定后，应通知布图设计登记申请人。布图设计登记申请人对国务院知识产权行政部门的复审决定仍不服的，可以自收到通知之日起 3 个月内向人民法院起诉。

（二）保护期限

布图设计专有权的保护期为 10 年，自布图设计登记申请之日或者在世界任何地方首次投入商业利用之日起计算，以较前日期为准。但是，无论是否登记或者投入商业利用，布图设计自创作完成之日起 15 年后，不再受《条例》保护。

三、布图设计权的归属

1. 原则：布图设计专有权属于布图设计创作者，《条例》另有规定的除外。

2. 自然人创作的，该自然人是创作者；由法人或者其他组织主持，依据法人或者其他组织的意志而创作，并由法人或者其他组织承担责任的布图设计，该法人或者其他组织是创作者。

3. 合作创作：两个以上自然人、法人或者其他组织合作创作，其专有权的归属由合作者约定；未作约定或者约定不明的，其专有权由合作者共同享有。

4. 委托创作：受委托创作的布图设计，其专有权的归属由委托人和受托人双方约定；未作约定或者约定不明的，其专有权由受托人享有。

四、布图设计权的限制

（一）合理使用

《条例》规定的合理使用有以下几种情形：

1. 为个人目的或者单纯为评价、分析、研究、教学等目的而复制受保护的布图设计的。

2. 在依据前项评价、分析受保护的布图设计的基础上，创作出具有独创性的布图设计的。

3. 对自己独立创作的与他人相同的布图设计进行复制或者将其投入商业利用的。

（二）强制许可

强制许可又称非自愿许可，是指在发生法定事由情况下，可以不经权利人许可而由主管部门直接发放的使用许可。

国务院知识产权行政部门在下列情况下，可以给予使用其布图设计的强制许可：国家出现紧急状态或者非常情况时，或者为了公共利益的目的，或者经人民法院、不正当竞争行为监督检查部门依法认定布图设计权利人有不正当竞争行为而需要给予补救时。此时既无须取得权利人的同意，也无须支付报酬。

在行政部门作出该强制许可后，应当及时通知布图设计权利人；并且需要根据非自愿许可的理由，规定使用的范围和时间，其范围应当限于为公共目的非商业性使用，或者限于经人民法院、不正当竞争行为监督检查部门依法认定布图设计权利人有不正当竞争行为而需要给予的补救；当该理由消除并不再发生时，行政部门应当根据布图设计权利人的请求，经审查后作出终止使用布图设计强制许可的决定。

（三）权利穷竭

权利穷竭也称权利用尽，是指该设计权在权利人或者经其授权的人在第一次将相关产品投入市场后，即行使完该专有权利，该产品的再次流通不受权利人的限制。《条例》将该行为规定为：受保护的布图设计、含有该布图设计的集成电路或者含有该集成电路的物品，由布图设计权利人或者经其许可投放市场后，他人再次商业利用的，可以不经布图设计权利人许可，并不向其支付报酬。

（四）善意侵权

善意侵权，是指行为人在购买该产品时并不知道其是侵犯他人该权利设计出的产品。即行为人在获得含有受保护的布图设计的集成电路或者含有该集成电路的物品时，不知道也没有合理理由应当知道其中含有非法复制的布图设计，而将其投入商业利用的，不视为侵权。但是还有例外情况：当行为人得到其中含有非法复制的布图设计的明确通知后，可以继续将现有的存货或者此前的订货投入商业利用，但应当向布图设计权利人支付合理的报酬。

（五）反向工程

反向工程，是指对他人的布图设计进行评价、分析，并在此基础上创作出新的布图设计，此种行为不构成侵权。因为很多先进的布图设计就是在他人的设计基础之上进行创作而产生的，如果将此种行为认定为侵权行为，则会影响电路产业的进步与发展。

五、侵权责任及处理

（一）侵权责任

未经权利人许可，行为人复制受保护的布图设计的全部或者其中任何具有独创性的部分的，或者为商业目的进口、销售或者以其他方式提供受保护的布图设计、含有该布图设计的集成电路或者含有该集成电路的物品的，都构成对他人布图设计权的侵犯。行为人必须立即停止侵权行为，并承担赔偿责任，赔偿数额为侵权人所获得的利益或者被侵权人所受到的损失，包括被侵权人为制止侵权行为所支付的合理开支。

（二）侵权纠纷的解决

因侵犯他人的布图设计权引起纠纷的，由当事人协商解决；不愿协商或者协商不成的，权利人可以向人民法院起诉，也可以请求国务院知识产权行政部门处理。

国务院知识产权行政部门处理时，认定侵权行为成立的，可以责令侵权人立即停止侵权行为，没收、销毁侵权产品或者物品。当事人不服的，可以自收到处理通知之日起 15 日内向人民法院起诉；侵权人期满不起诉又不停止侵权行为的，行政部门可以请求人民法院强制执行。应当事人的请求，国务院知识产权行政部门可以就侵犯布图设计专有权的赔偿数额进行调解；调解不成的，当事人可以向人民法院起诉。

【风险提示】

布图设计权的主体不仅可以是中国的自然人、法人或者其他组织，也可以是外国人。

【法条指引】

集成电路布图设计保护条例（节录）

第三条 中国自然人、法人或者其他组织创作的布图设计，依照本条例享有布图设计专有权。

外国人创作的布图设计首先在中国境内投入商业利用的，依照本条例享有布图设计专有权。

外国人创作的布图设计，其创作者所属国同中国签订有关布图设计保护协议或者与中国共同参加有关布图设计保护国际条约的，依照本条例享有布图设计专有权。

第四条 受保护的布图设计应当具有独创性，即该布图设计是创作者自己的智力劳动成果，并且在其创作时该布图设计在布图设计创作者和集成电路制造者中不是公认的常规设计。

受保护的由常规设计组成的布图设计，其组合作为整体应当符合前款规定的条件。

第七条 布图设计权利人享有下列专有权：

（一）对受保护的布图设计的全部或者其中任何具有独创性的部分进行复制；

（二）将受保护的布图设计、含有该布图设计的集成电路或者含有该集成电路的物品投入商业利用。

第十二条 布图设计专有权的保护期为10年，自布图设计登记申请之日或者在世界任何地方首次投入商业利用之日起计算，以较前日期为准。

但是，无论是否登记或者投入商业利用，布图设计自创作完成之日起15年后，不再受本条例保护。

第十三条　布图设计专有权属于自然人的，该自然人死亡后，其专有权在本条例规定的保护期内依照继承法的规定转移。

布图设计专有权属于法人或者其他组织的，法人或者其他组织变更、终止后，其专有权在本条例规定的保护期内由承继其权利、义务的法人或者其他组织享有；没有承继其权利、义务的法人或者其他组织的，该布图设计进入公有领域。

第三节　商业秘密

【规则要点】

商业秘密能够为权利人带来一定的经济利益，因此法律予以保护，但是，当该信息因一定的事由成为普通信息时，法律则对其不进行保护。

【理解与适用】

我国对于商业秘密的保护主要体现在《中华人民共和国反不正当竞争法》中。TRIPs将商业秘密认定为未公开的信息。反不正当竞争法规定，商业秘密是指不为公众所知悉、能为权利人带来经济利益、具有实用性并经权利人采取保密措施的技术信息和经营信息。

一、商业秘密的认定

只有信息被认定为商业秘密才能获得法律的相关保护，故认定信息是否为商业秘密具有重大意义。法律规定具有以下特征的信息构成商业秘密：

（一）秘密性

秘密性，是指权利人所有的信息是不为公众所知的。具体何种情形才是不为公众所知，《最高人民法院关于审理不正当竞争民事案件应用法律若干问题的解释》从反面进行了规定，即具有下列情形之一的，可以认定有关信息不构成不为公众所知悉：

1. 该信息为其所属技术或者经济领域的人的一般常识或者行业惯例；

2. 该信息仅涉及产品的尺寸、结构、材料、部件的简单组合等内容，进入市场后相关公众通过观察产品即可直接获得；

3. 该信息已经在公开出版物或者其他媒体上公开披露；

4. 该信息已通过公开的报告会、展览等方式公开；

5. 该信息从其他公开渠道可以获得；

6. 该信息无须付出一定的代价而容易获得。

（二）实用性

实用性，是指商业秘密必须是能够实际操作的信息，具有可用性。即能够在工业或者商业活动中使用并且能够实现经济上的价值。商业秘密一般表现为一种独立的、具体的、可操作的方案或者阶段性的技术成果，可以是特定完整的技术内容所构成的技术方案，也可以是其中的部分技术要素。

（三）价值性

价值性，是指作为商业秘密的信息能够为权利人带来一定的经济利益。价值性反映了商业秘密的本质，即权利人通过对商业秘密的掌握而保持某种竞争上的优势，并且能够为自己带来一定的经济利益。因此，不能为权利人带来竞争优势或者经济利益的信息不能构成商业秘密。

（四）保密性

保密性，是指商业秘密权利人对于其所持有的商业秘密所采取一定的保密措施。保密措施是为了防止第三人对权利人商业秘密的侵犯。权利人为防止信息泄露所采取的与其商业价值等具体情况相适应的合理保护措施被认定为保密措施。具体来说：限定涉密信息的知悉范围，只对必须知悉的相关人员告知其内容；对于涉密信息载体采取加锁等防范措施；在涉密信息的载体上标有保密标志；对于涉密信息采用密码或者代码等；签订保密协议；对于涉密的机器、厂房、车间等场所限制来访者或者提出保密要求；确保信息秘密的其他合理措施。

信息被认定为商业秘密的权利人对该商业秘密享有专有权，但是当发生了某些事由时，该信息即丧失了商业秘密的属性，具体说来有以下几种：

1. 因技术的进步导致商业秘密不适用，被时代淘汰，失去了实用性而终止；

2. 与其他在先权利相冲突；

3. 权利人不再采取保护措施而主动放弃商业秘密；

4. 合法拥有同样商业秘密的第三人公开了该商业秘密；

5. 权利人因不慎丧失了商业秘密。

二、侵犯商业秘密的行为及其法律责任

（一）侵犯商业秘密的行为

根据反不正当竞争法的规定，侵犯商业秘密的表现形式主要有：

1. 以盗窃、贿赂、欺诈、胁迫、电子侵入或者其他不正当手段获取权利人的商业秘密；

2. 披露、使用或者允许他人使用以前项手段获取的权利人的商业秘密；

3. 违反保密义务或者违反权利人有关保守商业秘密的要求，披露、使用或者允许他人使用其所掌握的商业秘密；

4. 教唆、引诱、帮助他人违反保密义务或者违反权利人有关保守商业秘密的要求，获取、披露、使用或者允许他人使用权利人的商业秘密。

（二）法律责任

侵犯商业秘密的行为根据不同情况，应承担相应的民事责任、行政责任，情节严重构成犯罪的，还要承担刑事责任。

1. 民事责任

承担民事责任的主要方式有：违约责任、侵权责任和缔约过失责任。

违约责任，是指行为人违反与商业秘密权人之间的技术开发合同、技术转让合同、劳动技术合同等约定的保密义务，应按照合同约定和法律的有关规定承担支付违约金、赔偿损失等责任。

商业秘密可以作为“其他科技成果权”受到保护，关于侵犯商业秘密的损害赔偿标准，反不正当竞争法规定，经营者侵犯商业秘密的损害赔偿计算，应以权利人的实际损失为标准；实际损失难以计算的，赔偿额为侵权人在侵权期间因侵权所获得的利润；并应当承担被侵害的经营者因调查该经营者侵害其合法权益的不正当竞争行为所支付的合理费用。

缔约过失责任，是指当事人在订立合同过程中知悉的商业秘密，无论合同是否成立，不得泄露或者不正当地使用。泄露或者不正当地使用该商业秘密给对方造成损失的，应当承担损害赔偿责任。

2. 行政责任

侵犯商业秘密的，监督检查部门应当责令停止违法行为，可以根据情节处以 1 万元以上 20 万元以下的罚款。《关于禁止侵犯商业秘密行为的若干规定》规定，主管机关在对侵权行为予以处罚时，对侵权物品可以作如下处理：责令并监督侵权人将载有商业秘密的图纸、软件及其有关资料返还权利人；监督侵权人销毁使用权利人商业秘密生产的、流失市场将会造成商业秘密公开的产品。但权利人同意收购、销售等其他处理方式的除外。

3. 刑事责任

侵犯商业秘密的，给商业秘密的权利人造成重大损失的，处 3 年以下有期徒刑或者拘役，并处或者单处罚金；造成特别严重后果的，处 3 年以上 7 年以下有期徒刑，并处罚金。

【风险提示】

盗窃商业秘密的，构成侵犯商业秘密行为，而非盗窃行为。

【法条指引】

中华人民共和国反不正当竞争法（节录）

第九条 经营者不得实施下列侵犯商业秘密的行为：

（一）以盗窃、贿赂、欺诈、胁迫、电子侵入或者其他不正当手段获取权利人的商业秘密；

（二）披露、使用或者允许他人使用以前项手段获取的权利人的商业秘密；

（三）违反保密义务或者违反权利人有关保守商业秘密的要求，披露、使用或者允许他人使用其所掌握的商业秘密；

（四）教唆、引诱、帮助他人违反保密义务或者违反权利人有关保守商业秘密的要求，获取、披露、使用或者允许他人使用权利人的商业秘密。

经营者以外的其他自然人、法人和非法人组织实施前款所列违法行为的，视为侵犯商业秘密。

第三人明知或者应知商业秘密权利人的员工、前员工或者其他单位、个人实施本条第一款所列违法行为，仍获取、披露、使用或者允许他人使用该商业秘密的，视为侵犯商业秘密。

本法所称的商业秘密，是指不为公众所知悉、具有商业价值并经权利人采取相应保密措施的技术信息、经营信息等商业信息。

关于禁止侵犯商业秘密行为的若干规定（节录）

第二条第一款 本规定所称商业秘密，是指不为公众所知悉、能为权利人带来经济利益、具有实用性并经权利人采取保密措施的技术信息和经营信息。

第五条 权利人（申请人）认为其商业秘密受到侵害，向工商行政管理机关申请查处侵权行为时，应当提供商业秘密及侵权行为存在的有关证据。

被检查的单位和个人（被申请人）及利害关系人、证明人，应当如实向工商行政管理机关提供有关证据。

权利人能证明被申请人所使用的信息与自己的商业秘密具有一致性或者相同性，同时能证明被申请人有获取其商业秘密的条件，而被申请人不能提供或者拒不提供其所使用的信息是合法获得或者使用的证据的，工商行政管理机关可以根据有关证据，认定被申请人有侵权行为。

第六条 对被申请人违法披露、使用、允许他人使用商业秘密将给权利人造成不可挽回的损失的，应权利人请求并由权利人出具自愿对强制措施后果承担责任的书面保证，工商行政管理机关可以责令被申请人停止销售使用权利人商业秘密生产的产品。

第七条 违反本规定第三条的，由工商行政管理机关依照《反不正当竞争法》第二十五条的规定，责令停止违法行为，并可以根据情节处以1万元以上20万元以下的罚款。

工商行政管理机关在依照前款规定予以处罚时，对侵权物品可以作如下处理：

（一）责令并监督侵权人将载有商业秘密的图纸、软件及其有关资料返还权利人。

（二）监督侵权人销毁使用权利人商业秘密生产的、流失市场将会造成商业秘密公开的产品。但权利人同意收购、销售等其他处理方式的除外。

第八条 对侵权人拒不执行处罚决定，继续实施本规定第三条所列行为的，视为新的违法行为，从重予以处罚。

第四节 地理标志权

【规则要点】

地理标志权是表明该产品确实来源于某地区，符合该地的特征，权利的取得要经过申请与受理等阶段。

【理解与适用】

一、地理标志的含义

地理标志又称原产地名称，TRIPs 规定，本协议的地理标志是指标示出某商品来源于某一成员的领土或该领土的一个地区或一个地方的标志，而该商品的特定质量、声誉或其他特征在实质上可归属于其地理来源。我国商标法将地理标志规定为，地理标志，是指标示某商品来源于某地区，该商品的特定质量、信誉或者其他特征，主要由该地区的自然因素或者人文因素所决定的标志。

地理标志主要包含两层含义：一是表明某种产品的真正产地；二是表明该产品的特有质量、声誉或者其他特征与其地理来源相关。

地理标志可以注册为集体商标、证明商标，但是二者之间存在一定的区别：地理标志不具有专有性、不具有可转让性、一般不能作为普通商标但是具有永久性。

二、地理标志权的取得

地理标志权的取得，是指产品地理标志所标示的地域范围内该产品生产者对地理标志所享有的权利。

地理标志权的取得也要经过申请和审查的阶段：

（一）申请

地理标志产品保护申请，由当地县级以上人民政府指定的地理标志产品保护申请机构或人民政府认定的协会和企业提出，并征求相关部门意见。

申请人应提交的资料：

1. 有关地方政府关于划定地理标志产品产地范围的建议

（1）申请保护的产品在县域范围内的，由县级人民政府提出产地范围的建议；

（2）跨县域范围的，由地市级人民政府提出产地范围的建议；

（3）跨地市范围的，由省级人民政府提出产地范围的建议。

2. 有关地方政府成立申请机构或认定协会、企业作为申请人的文件

3. 地理标志产品的证明材料

证明材料主要包括：

（1）地理标志产品保护申请书；

（2）产品名称、类别、产地范围及地理特征的说明；

（3）产品的理化、感官等质量特色及其与产地的自然因素和人文因素之间关系的说明；

（4）产品生产技术规范（包括产品加工工艺、安全卫生要求、加工设备的技术要求等）；

（5）产品的知名度，产品生产、销售情况及历史渊源的说明。

4. 拟申请的地理标志产品的技术标准

对于出口企业的地理标志产品的保护申请，应该向本辖区内出入境检验检疫部门提出；按地域提出的地理标志产品的保护申请和其他地理标志产品的保护申请向当地（县级或县级以上）质量技术监督部门提出。

（二）审查

国家主管部门对收到的申请进行形式审查。审查合格的，由国家主管

部门在其公报、政府网站等媒体上向社会发布受理公告；审查不合格的，应书面告知申请人。若有关单位和个人对申请有异议的，可在公告后的2个月内向国家主管部门提出。国家主管部门组织专家审查委员会对没有异议或者有异议但被驳回的申请进行技术审查，审查合格的，由国家主管部门发布批准该产品获得地理标志产品保护的公告。

三、地理标志的法律保护

我国对于地理标志的规定比较分散，在反不正当竞争法、产品质量法、消费者权益保护法、商标法中都有对该问题的规定。根据这些法律法规的规定，当使用地理标志证明商标发生争议时，双方可以协商解决；若不能协商的，可以向人民法院起诉，也可以向保护地理标志的国家机关进行申诉，通过行政程序解决。

《地理标志产品保护规定》规定，对于擅自使用或伪造地理标志名称及专用标志的；不符合地理标志产品标准和管理规范要求而使用该地理标志产品的名称的；或者使用与专用标志相近、易产生误解的名称或标识及可能误导消费者的文字或图案标志，使消费者将该产品误认为地理标志保护产品的行为，质量技术监督部门和出入境检验检疫部门将依法进行查处。社会团体、企业和个人可监督、举报。

从事地理标志产品保护工作的人员应忠于职守，秉公办事，不得滥用职权、以权谋私，不得泄露技术秘密。违反以上规定的，予以行政纪律处分；构成犯罪的，依法追究刑事责任。

【风险提示】

地理标志权的主体不仅包括产品的生产者，还包括消费者与特定地域范围的公众。

【法条指引】

中华人民共和国商标法（节录）

第十六条 商标中有商品的地理标志，而该商品并非来源于该标志所标示的地区，误导公众的，不予注册并禁止使用；但是，已经善意取得注册的继续有效。

前款所称地理标志，是指标示某商品来源于某地区，该商品的特定质量、信誉或者其他特征，主要由该地区的自然因素或者人文因素所决定的标志。

地理标志产品保护规定（节录）

第二条 本规定所称地理标志产品，是指产自特定地域，所具有的质量、声誉或其他特性本质上取决于该产地的自然因素和人文因素，经审核批准以地理名称进行命名的产品。地理标志产品包括：

（一）来自本地区的种植、养殖产品。

（二）原材料全部来自本地区或部分来自其他地区，并在本地区按照特定工艺生产和加工的产品。

第八条 地理标志产品保护申请，由当地县级以上人民政府指定的地理标志产品保护申请机构或人民政府认定的协会和企业（以下简称申请人）提出，并征求相关部门意见。

第九条 申请保护的产品在县域范围内的，由县级人民政府提出产地范围的建议；跨县域范围的，由地市级人民政府提出产地范围的建议；跨地市范围的，由省级人民政府提出产地范围的建议。

第二十一条 各地质检机构依法对地理标志保护产品实施保护。对于擅自使用或伪造地理标志名称及专用标志的；不符合地理标志产品标准和管理规范要求而使用该地理标志产品的名称的；或者使用与专用标志相近、易产生误解的名称或标识及可能误导消费者的文字或图案标志，使消费者将该产品误认为地理标志保护产品的行为，质量技术监督部门和出入境检验检疫部门将依法进行查处。社会团体、企业和个人可监督、举报。

第二十二条 各地质检机构对地理标志产品的产地范围，产品名称，原材料，生产技术工艺，质量特色，质量等级、数量、包装、标识，产品专用标志的印刷、发放、数量、使用情况，产品生产环境、生产设备，产品的标准符合性等方面进行日常监督管理。

第二十三条 获准使用地理标志产品专用标志资格的生产者，未按相应标准和管理规范组织生产的，或者在2年内未在受保护的地理标志产品上使用专用标志的，国家质检总局将注销其地理标志产品专用标志使用注册登记，停止其使用地理标志产品专用标志并对外公告。

第五节　商号权

【规则要点】

我国的法律中并无明确的“商号权”的概念，但是可以从其他法律中总结出商号权的有关内容和权利属性。

【理解与适用】

商号，是指法人或者其他组织进行民商事活动时用于标志自己并区别于他人的标记。商号权，是指企业对其企业名称所享有的专用权。商号权主要内容在反不正当竞争法中进行了规定。

一、商号权的内容

（一）独占使用权

独占使用权，是指商号权人有权独占使用商号，并禁止他人在其核准登记的行政区域范围内使用相同的字号的权利。经相应的主管部门批准后，凡冠以市名、县名的商号，在同一市县范围内，同行企业不得同名；凡冠以省名、直辖市名或者自治区名而不冠以市、县名的，在相应的省、直辖市或者自治区范围内，同行企业不得同名；凡使用中国、中华字样为企业名称的，同行企业不得同名。

（二）转让权

转让权，是指企业享有的将其商号转让给他人的权利。企业名称可以随企业或者企业的一部分一并转让。企业名称只能转让给一户企业。企业名称的转让方与受让方应当签订书面合同或者协议，报原登记主管机关核准。企业名称转让后，转让方不得继续使用已转让的企业名称。

二、商号权的取得

（一）取得方式

在国际上，商号权的取得一般有三种形式：使用取得主义、登记对抗主义、登记生效主义。我国采用的是登记生效主义。《企业名称登记管理规定》规定，擅自使用他人已经登记注册的企业名称或者有其他侵犯他人企业名称专用权行为的，被侵权人可以向侵权人所在地登记主管机关要求处理。对侵犯他人企业名称专用权的，被侵权人也可以直接向人民法院起诉。

（二）取得条件

1. 法人或者其他组织原则上只能使用一个商号

《企业名称登记管理规定》明确规定，企业只准使用一个名称，在登记主管机关辖区内不得与已登记注册的同行业企业名称相同或者近似。但是确有特殊需要的，经省级以上登记主管机关核准，企业可以在规定的范围内使用一个从属名称。

2. 不得同在先登记的同行业企业名称相同或者近似

在登记机关主管的辖区范围内，申请登记的商号不得与他人在先登记的同行业企业名称相同或者近似，即同一地区、相同行业的商号不能相同或者近似。

3. 商号必须合法

具有下列情形之一的不能作为商号注册：有损于国家、社会公共利益的；可能对公众造成欺骗或者误解的；外国国家（地区）名称、国际组织名称；政党名称、党政军机关名称、群众组织名称、社会团体名称及部队番号；汉语拼音字母（外文名称中使用的除外）、数字；其他法律、行政法规规定禁止的。

（三）取得程序

企业名称在企业申请登记时，由企业名称的登记主管机关核定，主管机关是国家主管部门和地方各级主管部门。企业名称经核准登记注册后方可使用，在规定的范围内享有专用权。

登记主管机关依照《中华人民共和国企业法人登记管理条例》，对企业名称实行分级登记管理。外商投资企业名称由国家主管部门核定。登记主管机关有权纠正已登记注册的不适宜的企业名称，上级登记主管机关有权纠正下级登记主管机关已登记注册的不适宜的企业名称。对已登记注册的不适宜的企业名称，任何单位和个人可以要求登记主管机关予以纠正。

在登记申请时，我国实行先申请原则。两个以上企业向同一登记主管机关申请相同的符合规定的企业名称，登记主管机关依照申请在先原则核定。属于同一天申请的，应当由企业协商解决；协商不成的，由登记主管机关作出裁决。两个以上企业向不同登记主管机关申请相同的企业名称，登记主管机关依照受理在先原则核定。属于同一天受理的，应当由企业协商解决；协商不成的，由各该登记主管机关报共同的上级登记主管机关作出裁决。

企业一般在进行开业登记的同时进行商号登记，企业有特殊原因的，可以在开业登记前预先单独申请企业名称登记注册。预先单独申请企业名称登记注册时，应当提交企业组建负责人签署的申请书、章程草案和主管部门或者审批机关的批准文件。外商投资企业应当在项目建议书和可行性研究报告批准后，合同、章程批准之前，预先单独申请企业名称登记注册。外商投资企业预先单独申请企业名称登记注册时，应当提交企业组建负责人签署的申请书、项目建议书、可行性研究报告的批准文件，以及投资者所在国（地区）主管当局出具的合法开业证明。登记主管机关应当在收到企业提交的预先单独申请企业名称登记注册的全部材料之日起，10 日内作出核准或者驳回的决定。登记主管机关核准预先单独申请登记注册的企业名称后，核发《企业名称登记证书》。预先单独申请登记注册的企业名称经核准后，保留期为 1 年。经批准有筹建期的，企业名称保留到筹建期终止。在保留期内不得用于从事生产经营活动。保留期届满不办理企业开业登记的，其企业名称自动失效，企业应当在期限届满之日起 10 日内将《企业名称登记证书》交回登记主管机关。

登记主管机关对申请人提出的申请要进行审查。符合条件的，授予商号权，登记机关予以核准。若对登记主管机关作出的具体行政行为不服的，当事人可以在收到通知之日起 15 日内向上一级登记主管机关申请复议。上级登记主管机关应当在收到复议申请之日起 30 日内作出复议决定。对复议决定不服的，可以依法向人民法院起诉。逾期不申请复议，或者复议后拒不执行复议决定，又不起诉的，登记主管机关可以强制更改企业名称，扣缴企业营业执照。

三、商号权的法律保护

（一）侵犯商号权的表现形式

根据法律规定，下列行为属于侵犯商号权：

（1）擅自使用他人有一定影响的企业名称或者姓名，引人误认为是他人的商品的行为；

（2）仿冒他人商号，即使用与其他商号相类似的名称的行为；

（3）不正当地将他人企业名称中的特定字号作为商标使用，引起误解的行为；

（4）将他人企业名称在商品广告中作引人误解的使用的行为。

（二）侵犯商号权的法律责任

经营者伪造或假冒他人厂名、厂址的，应责令其改正、没收违法产品和所得，可以并处罚款，情节严重的，吊销营业执照。

经营者擅自使用他人的企业名称，伪造产地，对商品质量作引人误解的虚假表示的，依照商标法、产品质量法的规定处罚。经营者擅自使用知名商品特有的名称、包装、装潢，或者使用与知名商品近似的名称、包装、装潢，造成和他人的知名商品相混淆，使购买者误认为是该知名商品的，监督检查部门应当责令停止违法行为，没收违法所得，可以根据情节处以违法所得1倍以上3倍以下的罚款；情节严重的，可以吊销营业执照；销售伪劣商品，构成犯罪的，依法追究刑事责任。

【风险提示】

商号权与商标权是两种不同性质的知识产权，商号权有可能成为商标权的一种。

第六节 域名权

【规则要点】

域名权是权利人对其创造的网络数字化地址所享有的专有权利。

一、域名和域名权

域名，是指用户因特网数字化地址的替代物，数字化地址是指能够识别与因特网相连接的特定计算机的数码，域名则是此类地址的便于记忆的替代品。具体来说，在互联网上的每个主机或者局域网都有一个独一无二的地址，该地址依据互联网协议分配，因而被称作 IP 地址，IP 地址是由四组用圆点隔开的阿拉伯数字构成，但难于记忆，于是出现了域名，成为 IP 地址的替代品。

（一）域名只能由数字和字母组成，包括中文、外文、拼音域名

域名至少包括顶级和二级域名两个部分组成：顶级域名是用来识别域名所属类别、应用范围、注册国等公用信息的代码；二级域名是使用者自己设计的体现其特殊性的字符串；还可以有三级、四级域名，表示不同的地域和行业。例如在 http：//www. sina. com. cn 中，“. cn”是顶级域名，“. com”是二级域名，“sina”是三级域名。只有三级域名才受到法律的保护。

（二）唯一性

域名的唯一性是绝对的、全球的，每个网路对应于网路环境下唯一的网络名称，是由网络覆盖的全球性和网络 IP 地址的分配技术性特征决定的。

域名权是域名权利人对于其注册的域名依法享有的专有权利。我国对于域名权的规定主要在《互联网域名管理办法》中。

二、域名权的获得

（一）申请

申请主体：申请设立域名根服务器及域名根服务器运行机构的，应当具备以下条件：

1. 域名根服务器设置在境内，并且符合互联网发展相关规划及域名系统安全稳定运行要求；

2. 是依法设立的法人，该法人及其主要出资者、主要经营管理人员具有良好的信用记录；

3. 具有保障域名根服务器安全可靠运行的场地、资金、环境、专业人

员和技术能力以及符合电信管理机构要求的信息管理系统；

4. 具有健全的网络与信息安全保障措施，包括管理人员、网络与信息安全管理制度、应急处置预案和相关技术、管理措施等；

5. 具有用户个人信息保护能力、提供长期服务的能力及健全的服务退出机制；

6. 法律、行政法规规定的其他条件。

申请设立域名根服务器及域名根服务器运行机构的，应当向工业和信息化部提交申请材料。申请设立域名注册服务机构的，应当向住所地省、自治区、直辖市通信管理局提交申请材料。申请材料应当包括：

1. 申请单位的基本情况及其法定代表人签署的依法诚信经营承诺书；

2. 对域名服务实施有效管理的证明材料，包括相关系统及场所、服务能力的证明材料、管理制度、与其他机构签订的协议等；

3. 网络与信息安全保障制度及措施；

4. 证明申请单位信誉的材料。

（二）审批

受理原则：先申请先注册。

申请材料齐全、符合法定形式的，电信管理机构应当向申请单位出具受理申请通知书；申请材料不齐全或者不符合法定形式的，电信管理机构应当场或者在5个工作日内一次性书面告知申请单位需要补正的全部内容；不予受理的，应当出具不予受理通知书并说明理由。

电信管理机构应当自受理之日起20个工作日内完成审查，作出予以许可或者不予许可的决定。20个工作日内不能作出决定的，经电信管理机构负责人批准，可以延长10个工作日，并将延长期限的理由告知申请单位。需要组织专家论证的，论证时间不计入审查期限。予以许可的，应当颁发相应的许可文件；不予许可的，应当书面通知申请单位并说明理由。

三、域名权的变更和注销

（一）变更

域名根服务器运行机构、域名注册管理机构和域名注册服务机构的名称、住所、法定代表人等信息发生变更的，应当自变更之日起20日内向原发证机关办理变更手续。

域名持有者的联系方式等信息发生变更的，应当在变更后30日内向域名注册服务机构办理域名注册信息变更手续。

域名持有者有权选择、变更域名注册服务机构。变更域名注册服务机构的，原域名注册服务机构应当配合域名持有者转移其域名注册相关信息。无正当理由的，域名注册服务机构不得阻止域名持有者变更域名注册服务机构。电信管理机构依法要求停止解析的域名，不得变更域名注册服务机构。

（二）注销

已注册的域名有下列情形之一的，域名注册服务机构应当予以注销，并通知域名持有者：

1. 域名持有者申请注销域名的；
2. 域名持有者提交虚假域名注册信息的；
3. 依据人民法院的判决、域名争议解决机构的裁决，应当注销的；
4. 法律、行政法规规定予以注销的其他情形。

四、侵犯域名权的行为以及法律责任

《最高人民法院关于审理涉及计算机网络域名民事纠纷案件适用法律若干问题的解释》中明确规定了行为人注册、使用域名行为构成侵权与不正当竞争的构成要件：原告请求保护的民事权益合法有效；被告域名或其主要部分构成对原告驰名商标的复制、模仿、翻译或音译；或者与原告的注册商标、域名等相同或近似，足以造成相关公众的误认；被告对该域名或其主要部分不享有权益，也无注册、使用该域名的正当理由；被告对该域名的注册、使用具有恶意。

对于恶意的认定是认定侵权构成的关键。对于恶意问题，该解释规定了5种情形：

一是为商业目的将他人驰名商标注册为域名的；

二是为商业目的注册、使用与原告的注册商标、域名等相同或近似的域名，故意造成与原告提供的产品、服务或者原告网站的混淆，误导网络用户访问其网站或其他在线站点的；

三是曾要约高价出售、出租或者以其他方式转让该域名获取不正当利益的；

四是注册域名后自己并不使用也未准备使用，而有意阻止权利人注册该域名的；

五是具有其他恶意情形的。

侵犯域名权承担的法律责任主要是民事责任，在人民法院认定构成侵权或者不正当竞争后，可以判令被告停止侵权、注销域名，或者依原告的请求判令由原告使用该域名；被告的行为给原告造成实际损害的，可以判令被告赔偿损失。

【风险提示】

对于域名归属等的纠纷，可以申请仲裁或者向人民法院提起诉讼。

【法条指引】

互联网域名管理办法（节录）

第三十条 域名注册服务机构提供域名注册服务，应当要求域名注册申请者提供域名持有者真实、准确、完整的身份信息等域名注册信息。

域名注册管理机构和域名注册服务机构应当对域名注册信息的真实性、完整性进行核验。

域名注册申请者提供的域名注册信息不准确、不完整的，域名注册服务机构应当要求其予以补正。申请者不补正或者提供不真实的域名注册信息的，域名注册服务机构不得为其提供域名注册服务。

第三十一条 域名注册服务机构应当公布域名注册服务的内容、时限、费用，保证服务质量，提供域名注册信息的公共查询服务。

第三十二条 域名注册管理机构、域名注册服务机构应当依法存储、保护用户个人信息。未经用户同意不得将用户个人信息提供给他人，但法律、行政法规另有规定的除外。

第三十三条 域名持有者的联系方式等信息发生变更的，应当在变更后 30 日内向域名注册服务机构办理域名注册信息变更手续。

域名持有者将域名转让给他人的，受让人应当遵守域名注册的相关要求。